瞬殺怪談
碌

平山夢明
我妻俊樹
小田イ輔
葛西俊和
黒 史郎
小原 猛
神 薫
鈴木呂亜
田辺青蛙
つくね乱蔵
丸山政也

竹書房
怪談
文庫

瞬殺怪談　碌

血まみれ

健悟さんのバイト先の居酒屋の店長が飛び降り自殺をした。店の入っているビルの最上階から飛び降りたのだが、閉店後の明け方近い時刻で人通りがなく、二時間ほど誰にも気づかれなかったらしい。

店の常連客のN氏がたまたまビルの前を通りかかり、歩道にぼんやり立っている店長を見て声をかけたが反応がなく、なんだか変だなと思いながら通り過ぎたそうだ。

だが数メートル歩いたところで突然「血まみれの店長の顔」が頭に浮かび、気になって振り返ると路上の血だまりにうつ伏せになっている店長を発見した。

「でもおれ、店長の幽霊を見たんじゃないはずなんだよ、だって最初に声かけたときは絶対に路上に死体なんてなかったもん」

N氏はそう語っていたという。

果ての顔

山田さんの知人が亡くなった。

会ったのは二、三度だけで話したこともない、ただ互いに顔と名前を知っているだけの人――まさに「知人」である。

山田さんの友人が懇意にしていた人物でもあったので、ほぼつきあいで通夜に参列したのだそうだ。

友人は若いころ、その人にずいぶん世話になったらしく、闘病中に一度も見舞いに行けなかったことをたいへん悔いており、吠えるように号泣していた。

帰りに友人と二人でファミリーレストランに寄って、軽く食事をとった。

だいぶ落ち着いてきた友人は泣きはらした目で、

「寝ているみたいだったよな」といった。

ああいうのを安らかな顔っていうんだろうなと友人は微笑む。

山田さんは頷けなかった。

棺に納められていた知人の顔は、安らかな寝顔とはほど遠い、すさまじい病苦の果てに行き着くような険しい表情だったのだ。

タチッチュ

安里《あさと》さんは時折、沖縄の国頭村《くにがみそん》を車で走っているとき、その山々の上に立っている人影を見ることがあった。

道路から見て人だとわかるので、きっと大きさは人間の何倍もあるだろう。彼らは山の上に仁王立ちで、細かいところはシルエットしかわからないが、どうやら長い槍を持っているようだった。一度、オバアから「国頭《くんじゃん》の山にはタチッチュ（立人）というものがいる」という話を聞いたことがあったので、もしかしたらそれかもしれないと思った。

ある夜、寝ていると夢にそのタチッチュが出てきた。何者なのかと尋ねると、タチッチュはこう答えた。

「死人が出るのを待ちわびている」

それはあまりにもはっきりした声だったので、起きた時には脂汗《あぶらあせ》が大量に噴出していた。

その朝、国頭の道路を走ったが、なぜか山の上にタチッチュがいない。

職場に着くと、ちょうど会社を見回っている警備員の男性が倒れて亡くなったところだと聞いた。

安里さんはそれから絶対に国頭の山を見ないことにしている。

蹴ってくれ地蔵

大阪市内の都島本通の辺りに、おととしの夏頃に首だけの地蔵が出たそうだ。桜宮小学校に通う子供から聞いた話になるのだが、なんでも夕暮れ時や、夜に一人か二人で子供が歩いている時に道に何か落ちているなと見るとそれが地蔵の首で……というように現れ、それだけでも怖い気がするのだが、口を利き「蹴ってくれ、蹴ってくれ」と言うそうだ。

その地蔵の首の願いを聞き入れ蹴ってやると、嗤《わら》いながら坂を転げていき、その子には何か良いことがあるという。

昼行灯《ひるあんどん》

車通勤の信号待ちで外を見ていると、なんとなく違和感を覚えた。

違和感の理由はすぐにわかった。時刻は朝の七時だというのに、道路脇の街灯が一つ、煌々《こうこう》と光っているのだ。

他の街灯は点灯していない。ということは、あの一本だけ故障しているのか。

街灯の故障など、珍しくはあるが自分には関係のないことだ。

信号が青に変わり、発進しようとしたそのとき、街灯の光が急に輝きを増し始めた。

冷たい白から橙《だいだい》色に変わった光はぬるりと電灯から剥《は》がれ、宙に踊り出る。

光を失った街灯は、林立する他の街灯と見分けがつかなくなった。

瞬《また》く光はふよふよと生き物めいて、空を泳いで街灯から遠ざかっていく。

思わず光に見惚れてしまい、後続車のクラクションに急《せ》かされて発進する羽目になった。

たぶんあれが〈人魂〉という物だったのだと思う。

運転中でなければ携帯で動画が撮れたのにと思うと悔しくて、毎朝欠かさず街灯を注視しているのだが、あれから三年。人魂とは未だに再会できていない。

祖父が呼ぶ

Tさんは小学三年生の夏休みに父親の実家に泊まったが、夜中にふと目覚めると、自分の寝ているすぐ横に祖父があぐらをかいて座っていた。しかし祖父は二年前に亡くなったはずである。

夢でも見ているのだろう、とそんなふうに思っていると、

「あきひこや、あきひこ――」

そう名前を呼びながら祖父が顔を覗きこんでくる。が、彼は「あきひこ」という名前ではない。自分の知る親族にもそんな名前の者はいなかった。

後で聞いたところによると、Tさんの父親には生後すぐ亡くなってしまった兄がいたようで、それが「あきひこ」という名前だったという。

忌《い》み地

沖縄の北部にある離島に、建物もなければ作物も育たない、ただの広い空き地があった。ここは昔、疫病が流行ったときに、墓場に埋めることができなかった亡骸《なきがら》を埋葬した土地であった。それは百年以上昔の話であるが、しばらくの間は誰もそこに手を付けようとはしなかった。理由は夜になると、そこを鍬《くわ》で耕すものがいたからだという。

だいたい夜の二時にそれらの人々は月明かりの下、陽炎《かげろう》のように現れては、何か古い言葉で話しながら、土を掘り返すという。

「もう五年くらい前の話になるが」

近所に住む野津《のづ》さんという初老の男性が語った。「農作業の帰りにね、そこを通ったわけよ。そしたら首のない昔のかすりを着た人が数人いて、畑を耕しながら、こっちじゃない、あっちじゃないって、話をしているわけですよ。彼らは自分の家の墓に埋葬されなかったから、夜中に自分の骨を捜し出しているはずですよ」

ところが最近、その土地を本土のリゾート開発会社が買収し、現在は立派なコテージが立っている。

現在でも、特に亡骸を埋葬したあたりのコテージには、いろいろな噂が絶えない。

売地

J氏の実家近くには四方をフェンスで囲まれた売地がある。

彼が生まれる前、そこで焼身自殺があったのだそうだ。

住宅街の一角、雑草が生い茂るその土地は、J氏が少年の頃から中年に至る現在まで、手が付けられることもなく、数十年の間、同じ佇まいで存在している。

「駐車場にちょうど良いぐらいの広さでね、いくらでも使い道はありそうなもんだけど」

なぜか未だに焦げ臭く、そのためか買い手がつかないのだという。

ということは

小菅さんは、いわゆる『見える人』である。

ただし、ハッキリと分かるわけではない。曖昧《あいまい》な影として感じ取れる程度だ。

原因や正体は見当もつかないし、ましてや御祓いなど考えたこともない。

友人の二、三人が知っているだけだが、何処《どこ》からか情報が漏れたらしい。

ある日、飯村という女性が霊視を頼んできた。亡くなった同僚が憑いている気がするという。

「ごめんなさい、私は雰囲気を感じるぐらいしかできないんです」

そう言って断ると、飯村は不服そうに帰っていった。

その背中に若い男性が貼りついている。

雰囲気を感じることしかできない小菅さんだが、なぜかその男性だけは隅々まで明確に見えていたという。

わがまま

「だからよ『居士《こじ》』じゃなくて『信士《しんじ》』だっつってんのに、何でか『居士』って彫られてくるんだよ、墓石。同じ業者で二回も間違うんだもの」

結局、寺に追加で布施を渡して、位号を格上げしてもらった。

「そしたら今度は家の仏壇がカビてきてよ、これまでそんなことなかったのに、カビだらけになっちゃって、ほんと臭くて大変だった」

これも、自宅の仏壇を豪華なものに新調することで収まった。

「線香も安いのに火を点けるとすぐに消えるし、気に入らない花を供えるとすぐ枯れる」

線香は鎌倉の老舗《しにせ》のものを、花は大きな白いものでなければダメらしい。

「言うこと聞かないと滅茶苦茶する人だったからね、今度は何をされるか考えると、それでも気に合うようにするしかない、ほんとクズは死んでもクズだよ」

生前も、見栄っ張りで酒ばかり飲み、暴力的な、稼ぎの少ない父親だったという。

知っている

その日、U子さんは残業で遅くなり、終電車を降りると自宅までの街灯のわびしい道をひとり歩いていた。自然と歩く足が速くなる。すると、背後のかなり遠くのところから、タッタタッタッタ、と勢いよく走ってくる音がする。

百メートル走でもしているかのような烈しさなので、思わず後ろを振り返ったが、どうしたことか、走っている者はどこにもいない。

聞き間違いだろうと思って、再び前を向いた瞬間、愕《おどろ》きのあまりコンビニ袋を道路に落としてしまった。メッシュキャップをかぶった真っ蒼な顔の男が、眼の前に立っている。

薄暗いせいで年のほどはよくわからない。見たことのない男だが、それよりなによりも、その蒼ざめた顔色が尋常ではなかった。

すると男は、自分の顔を何度も指差しながら、「おれのことを知っているだろう」というジェスチャーを無言でしてくる。

何度そんなことをされても知らないものは知らないので、U子さんは何度もかぶりを振った。とたん、男は前を向いて走り出したが、落としたコンビニ袋を拾うほんの少しの間に、その姿は闇に溶け込むように消えてしまったという。

ハーメー

沖縄県北部にあるとある古民家の屋根裏には、ハーメー（老婆）が住んでいる。

そこを所有する山下さんは、大掃除のときに屋根裏に顔を突っ込んで、そのハーメーと目を合わせてしまったことがある。ハーメーはボロボロの着物をきて、骨と皮しかないようにやせ細っていた。後ろを向いていて、山下さんが顔を出して悲鳴を上げたので、顔だけ振り向いたという。くぼんだ目はうつろで、まるで暗黒の孔だったという。

一度、年始のときに、水を屋根裏にお供えしたことがあった。

二時間後に確認してみると、コップは空になっていた。その次に泡盛をお供えしてみると、コップは倒され、屋根裏部屋にアルコールの匂いが充満していた。

そして昨年、古民家を取り壊して新築することになったが、業者の人が何やらヒソヒソ話をしてばかりで、なかなか家を解体しようとしない。何があったのかと聞くと、作業員の一人が屋根裏で誰か人を見たと言っているが、探しても見つからないという。

「探しても見つかりませんよ」と山下さんは言った。「そういうものなんです」

現在、古民家の場所には新しい家が建ち、喫茶店として生まれ変わっているが、過去三年間で七回もオーナーが代わっているという。

ツケ

田中さんがかつてバイトしていたのは繁華街にある蕎麦《そば》屋だった。店は深夜営業をしていて、彼は出前の仕事をしていた。仕事は忙しかったが、午前一時を回るころになると注文の電話は少なくなり、田中さんはようやく一息つける。

その時間帯に注文をしてくる常連客が一人いた。タイチという名前の若いホストで、田中さんと歳が近いことから親しくなり、よく世間話をした。

「おう、悪いが今回もツケで頼むわ」

ホストという仕事は華やかな世界にみられがちだが、実情は実力主義の激しい競争の世界だ。人気のあるホストは月収数百万稼ぐが、人気の無いホストはとことん金が無い。タイチのツケはそれなりに溜まっていた。

そんなタイチから出前の注文がぴたりと途切れてしまった。気になった田中さんはタイチの同僚に、彼の様子を聞いてみた。すると苦虫を噛み潰したような顔をして「タイチさん、辞めたみたいっすよ」とだけ答えた。

それから二週間ほどしたある晩、時刻は午前四時、店内には客もおらず、そろそろ閉店という頃合いだった。

店の裏手でけたたましい音が鳴った。田中さんが裏口から外の様子を見ると、横倒しに転がったゴミ箱を這いつくばって漁る男がいた。

「おい」と田中さんが声をかけると、男はぴたりと動きを止めた。

「そばぁ……そば、がぃ」

タイチの声だった。男が立ち上がり、こちら向いた。男の顔は滅茶苦茶に潰されていた。鼻も目も、頬や額も、顔中のありとあらゆるところが陥没し、白い骨が飛び出していた。

歯が一本もない男の口から、蕎麦が零《こぼ》れ落ちた。それはゴミ箱に入れた残飯だった。

「ヅゲ……がえす……」

男はそう言うと、ポケットから一万円札をだして地面に放った。その時、男の指が全て溶かされて肉がぐずぐずになっているのが見えた。

田中さんが茫然としていると、男はふらふらと歩いて路地の先に消えた。我に返った田中さんは後を追ってみたが、路地の先は行き止まりであった。

それから少しして、田中さんは、客の女と結託して店の売り上げを盗もうとした若いホストがいたという話を聞いた。

計画は失敗し、その若いホストは、店のオーナーに攫《さら》われて行方不明になったという。

ストレンジ・コロナ

世界を襲った新型コロナウイルス。ワクチンや特効薬が完成するのはまだまだ先の模様、人類は新たな脅威におびえる生活がしばらく続くようだ。そして未曾有の危機が起こると、それに付随して奇妙な噂も発生する。結果、私たちのもとには信じがたい奇妙なニュースが届く。例えば、このような。

インドでは三月、「新型コロナに牛の尿が効く」という噂が国中に広まった。何せ国民の八割が牛を聖獣と崇めるヒンズー教である。この奇妙な民間治療を信じる者も多く、ニューデリーではヒンズー教の指導者による集会が催され、集まった二百人の前で指導者が実際に尿を飲み、その効果をアピールした。彼によれば、新型コロナは肉や魚を食べる人類を滅ぼすために来たのだという。

同月十七日には「牛の尿パーティー」を催し、参加者に飲尿を強要した罪で与党インド人民党の党員が逮捕されている。尿を飲んだ参加者が体調を崩し「インチキじゃないか!」と告訴したことで内情が露見したのである。飲む前に分かりそうなものだが……と思ってしまうのは、信心が足りない証拠だろうか。

チュニジアでは「新型コロナの感染予防にニンニクが効く」というデマが広がり、一時期ニンニクの値段が急騰した。従来は一キロ四〇〇円前後であったものが、新型コロナが拡大して以降は九五〇円にまで値上がりしている。WHOは「ニンニクには抗菌性はあるものの、食べれば新型肺炎に感染しないというデータは無い」と、この噂を否定。にもかかわらず「ニンニクの茹で汁をボウル一杯飲むと効く」など様々なアレンジが加えられ、ニンニク療法は各国に拡大した。香港のサウスチャイナ・モーニング・ポストは「この噂を信じ生のニンニクを一キロ半食べた女性が喉に致命的な炎症を負って病院に運び込まれた」と伝えている。

牛の尿やニンニク程度なら笑い話で済むが、なかには命を落とす本末転倒な治療もある。イランでは「アルコールでうがいをすれば、ウイルスを殺せる」というデマを信じ、約七百人が死亡している。工業用アルコールで作られた密造酒を飲んだ結果、メタノール中毒で死んだのである。イラン政府が発表したところによると、二〇二〇年二月から四月までのアルコール中毒件数は昨年のおよそ十倍。死亡まで至らずとも、五千人以上がメタノール中毒となり、百人近くが失明したと明かしている。

やはり、奇妙な噂は盲信するより注意深く観察したほうが吉のようだ。

アドバイス

谷川さんは後輩の押田から奇妙な報告を受けた。

「ヤバいです。幽霊を見たかもしれません」

〝それ〟は押田の自宅に現れた。

バスルームとトイレに挟まれた、玄関に繋がる短い廊下。そこを歪な形の球状のものが移動するのを見たという。幅五、六十センチの狭い廊下をそれは、大きく「へ」の字を描いて移動すると、玄関の暗がりに吸い込まれるように視えなくなった。

——いよいよ幽霊とやらを見たのかもしれない。

はじめてのことなので変に神経が高ぶり、すぐに数人の親しい人間にこのことを報告した。

すると、報告したうちの一人が「そういえば」と最近耳にしたという噂を話した。

元・遊び仲間が、どうも亡くなっているらしい、と。

比嘉という押田と同い年の男である。押田や彼の仲間は比嘉とは疎遠になっており、一年近く誰も連絡を取っていなかった。

又聞きの又聞きなので不確かな情報らしいが、このタイミングで聞かされるのは厭だった。というのも、比嘉がみんなと疎遠になったのは、彼と押田との関係が悪くなったからであった。それだけならまだよかったが、押田は周りに「あいつは最低な嘘つき野郎」と、あることとないことを吹聴してまわり、彼を孤立させてしまったのである。

そうとう、恨まれているはずであった。

つまり押田は、自分の見たものは比嘉の霊なのではないかと恐れているのである。

谷川さんは、押田にひとつ提案をした。

「とりあえず、その友達の生死だけでも確認したら？　本人に電話してみてさ。ピンピンしてるってオチは大いにあるぞ。で、本人が出たら、謝って仲直りするとか」

気のせいかもしれない〝幽霊〟と不確かな情報を結び付け、妙な思考に囚われてしまっている押田の精神面が心配だった。だから、ちゃんとしたアドバイスをしたつもりだった。

押田も「そうしてみます」と前向きな言葉を返していた。

しかし、それ以来、押田からの連絡はなく、周りからは押田の精神状態を不安視する声が聞こえてきた。彼はなぜか谷川さんのことをひどく恨んでいるらしく、近づかないほうがよいとの忠告を複数の人から受けた。

あの日に自分のしたアドバイスが関係しているのか、それはわからないという。

一本道

沢田さんが、友人たちと深夜までカラオケで騒いだ帰りだった。

地元の駅からはタクシーを使って帰ろうかと思っていたのだが、運悪く駅前に待機車が一台も残っていなかった。迎えを頼めるようなアテもない。タクシーを手配しようにも携帯電話のバッテリーが切れていた。仕方なく沢田さんは徒歩で帰宅することにした。

駅は町から離れた場所にあり、農道である一本道で繋がっている。道の周囲には広大な田園が広がっており、民家や店は町に入るまでなかった。

しばらく道を歩き、道中の半分ほどまで来たときだった。

キイ……、キィ……。金属の軋む音が道の先から聞こえてきた。沢田さんが目を凝らすと、前方から人が自転車を押してきているようで、その車輪が鳴っているようだ。沢田さんはほっと安堵の息を漏らした。通行人がいるというだけで夜道を歩く心細さが和らいだ。

向かってくる人影も沢田さんの存在に気が付いたようで、顔がこちらを向いた。

その顔に違和感があった。星明りで服装はしっかりとわかるのだが、それ以外の顔や自転車を押している手といった箇所がやけに暗い、肌が黒色で塗りつぶされたように見えた。

不穏な気配を感じ、沢田さんは歩みを止めた。目の前に自転車を押した人影が迫ってきた。

沢田さんの目の前にやって来ても、人影の顔は真っ黒のままだった。しかし服装は汚れや破れもなくしっかりとしたものを着ていたので、まるで影が服を着ているように見えた。

それを認識した瞬間、まるで蛇に睨まれた蛙のように、沢田さんは身動きが取れなくなった。

すれ違う間際、ギギギィと耳障りな金属音が大きく鳴り、人影と自転車が沢田さんの前で止まった。人影は固まった沢田さんを見つめるかのように真っ黒な顔を向けた。

「まだ生きてるな」

残念そうな声色だった。一言だけ呟くと、人影は自転車を押して再び歩き出し、沢田さんの後方に進んでいった。

背後の気配が消えると、沢田さんは無我夢中で走りだし、なんとか一本道の終わりまで辿り着いた。そこは町の入り口でもあり、交差点になっていた。

交差点は騒然としていた。パトカーが回転灯を光らせて数台集まっており、大勢の警官がせわしなく動き回っていた。野次馬の人々の話が聞こえてきた。交通事故があったらしい。

沢田さんは事故現場に転がっている自転車を見つけた。前輪が大きくひしゃげ、銀色のフレームには大量の血痕が飛び散っていた。

道ですれ違った人影が押していた自転車によく似ていた。

デビュー秘話

　某出版社のパーティーに参加した時に、小さい頃からファンだったK先生がいたので、ミーハー根性丸出しで声をかけてしまった。

　大家にもかかわらずK先生はどこの馬の骨か分からない私の名刺を受け取ると、ニッコリと微笑んでから「こういうの飲む？」と言ってオレンジジュースを手渡してくれた。

「最近目が悪くなっちゃって、色々と大変なんだけど、君はどんなの書いてるの？」と聞かれたので、私は顔を真っ赤にして「怪談やホラーや不思議な話を書いてます」と伝えた。

「ああ、そういうの書いてるの。不思議な話といえば、僕が漫画家になった切っ掛けなんだけどね、生まれは東京なんだけど、弟が生まれた時に四国の親戚にね、二年ばかり預けられてたことがあってね。その時にね、うちに時々来るつくしさんって呼ばれる巫女《みこ》さんみたいな人にね、指をさされて、この家の子は絵か物語を書く仕事しないと体が腐って死んじゃうよって言われたんだよ。

　僕は中学出たら、自動車整備関係の仕事に就きたかったんだけどね。だから僕の漫画ってよくカッコいい車が出てくるでしょ。それは、ほら、本当に好きだから。でも、そう決めた途端、足に変な腫瘍が出来てね、医者にそこが悪いだけじゃなくって足の指が壊疽《えそ》になりかかってるって言われて、ちょっと僕は臆病で迷信深いところがあるから、怖くなって目指すのやめちゃった。それに毎晩毎晩、夢に見たんだよ。卒塔婆小町《そとばこまち》みたいに道に打ち捨てられてね、腐っていく僕の姿をさ。夢にしてはリアルでね、足の指の間にうぞうぞと蛆虫が這って、こそばゆい感覚とかもあって、臭いも真夏のドブ水みたいなのが僕の体から漂ってるの。嫌な夢なのに、朝まで目が覚めなくって。本当にあれは嫌な体験だったなあ。

そこで絵と物語を両方書いてる仕事なら安心できるし、長生きできるかなって思って漫画を書いたらデビュー出来て、それ以来殆ど風邪もひかないで生きてるってわけ。弟もね、同じようなことがあって教師を目指してたんだけど、やっぱり体に悪いところが急に出て来たもんだから、絵描きになったんだよ。つくしさんって人は不思議な人で、どこに住んでるのかもよく分からなくってね、買い物してるところを誰も見たことないし、手も田舎暮らしとは思えないくらい白くってすべすべしてた。僕が子供の頃の話だから、もう亡くなってるかな」

この話を書いていいかと聞いてみたところ「この話は君が好きに書いてもいいよ。別に隠すようなことじゃないし」と快く承諾してくれた。そして「あ、先生！」と編集者さんらしき人に声をかけられ、立ち去られてしまった。

コツコツ

香奈子さんは先日、都内から川崎の自宅まで深夜にタクシーを使った。

話し好きそうな運転手だったので「何か怖い話ないですか?」と水を向けると、

「おととい変な客を乗せちゃってねえ」

と語り始めた。


その若い女性客は行き先を指定するとすぐ眠ってしまったが、妙にはっきりした寝言を言うのだという。

「ばか、ちがうだろ」

「なにやってんだよ」

「ちゃんとしろよ」

「きいてんのか、おい」

最初自分が言われたのかと思ったがそうではなく、客は目を閉じており誰かと通話しているわけでもない。

だが気になったのは、客が何か言うのと交互に、まるで相槌みたいに窓を叩く音がすることだった。

「いいかげんにしろよ」

コツコツ。

「なめてんのか、てめえ」

コツコツ。

「おい、どういうつもりだ」

コツコツ。

「ころすぞ」

コツコツ。

客は両手を膝の上に置いているし、音のする窓は客から遠い側のドアのようだ。

いったい何が音を立てているのかわからないまま目的地が近づいてきた。

「これ、よかったら」

降車する客に釣り銭を渡したとき、そう言って代わりに何かを手渡された。

見れば、有名な神社のお守りだったという。

宴会にて

去年、都会から農村へ移住したF君は、ある日、地区の住民たちから宴会に呼ばれた。

「田舎は近所付き合い重要ですからね、呼ばれたら断らないようにしています」

宴会の会場は近隣の農家、土地の顔役のような人の家だった。

「大きな座敷に通されて、私が行った頃にはもう十人以上の人がいました」

酒を注がれ、テーブルに並べられた料理をつまみながら話に花を咲かせていると、縁側に並べられた椅子にお婆さんが腰かけているのが目に入った。

「こっちを見ながらニコニコしていたんですが、気付いちゃって……」

仏間と客間を仕切る襖《ふすま》を外して設けられた宴会場、その鴨居《かもい》から見下ろす写真。

「あの婆ちゃん、あそこの遺影の人にそっくりだなと」

椅子に座ってこちらを見ているのに、誰も気にかけないのが不思議だった。

「違うよね違うよねって思いながら様子を窺ってたら、目の前でスゥーと消えたんです」

驚いたが、妙なことを口走っては宴席にケチをつけかねない、F君は堪《こら》えた。

「いやぁ、こっちが気付いたタイミングで消えちゃったのでね……怖かったです」

家の中でまた出会うかもと考えると、おちおちトイレにも行けなかったという。

鯉

九年前、B子さんがドイツの古城街道をプラハのほうまでひとりで旅したとき、ある古城の池のほとりで水面を眺めていた。

鯉《こい》とおぼしき巨大な魚が泳いでいたからである。ドイツ原産のカガミゴイ――いわゆるドイツゴイだろうと思われた。それが水面から顔を出して、まるく大きな口をぱくぱくと開いた。なにか餌でもあげてみようかとバッグのなかに手をいれた、その瞬間。

「むくい」

はっきりと鯉がそういった。

慌てて辺りを見まわすが、周囲にはB子さん以外ひとの姿はない。もっとも声は間違いなく池のなかから聞こえてきたのだ。しかもなぜかそれは日本語で、しわがれた低い男の声だったという。

イコール

ある年の冬、会社の同僚と飲んでいた大須さんは急に旅行に行きたくなった。

その時一緒に飲んでいた同僚と、約一年前に会社を辞めた北田という後輩との三人で北海道旅行に行ったのが、ここ数年で一番楽しい思い出だった。

「また三人で行こうよ。今度は南のほうにさ」

「いいですね」と同僚の賛同を得たので、じゃあ北田を誘おうということになった。

店を出ると二軒目には行かず、二人で駅に向かった。直接誘いに北田の家へ行くためである。

北田は今の時代には珍しくスマホを持たない男であった。大須さんと同僚の説得で一時は持っていたのだが、しばらく連絡をとっていない間に番号は使われなくなっていた。

電車とタクシーを乗り継いでマンションに着いた。表札の名前を確認し、彼がまだ住んでいることを確認するとインターホンで呼び出す。反応がない。寝ているのかと何度も呼び出し、中の様子もうかがってみたが物音は聞こえない。

居留守を使えるような小器用な性格でもないので、北田は留守なのだろうとその日はあきらめて帰った。

それから二週間ほどして、今度はもう少し早い時間に同僚と行ってみた。

しかし、この日も北田には会えなかった。

「言いづらいんだけどさ……」

北田が死んでいる気がしてならないと同僚は言う。

先日、夢に北田が出てきたのだという。

夢の中の北田は両足がなかったらしい。

「あれは夢じゃなくて、北田の幽霊だったかもしれないな」などと真顔で言う。

大須さんは思わず失笑した。

「足がないイコール幽霊って発想が古いんだよ」

そんな話をしていた数日後、同僚の予想は当たってしまった。

連絡が取れないことに心配した北田の家族がマンションに来て、彼の変わり果てた姿を発見したのである。後日、なにも知らずにまた北田を誘いに彼のマンションへ行った大須さんたちは、管理人からその話を聞かされた。

どうしてそういう状況になったのか。北田は両足だけ腐敗の進行が早くぼろぼろになっていたという。

水とおしぼり

堺さんが彼女とデートで洒落《しゃれ》たカフェに行ったときのこと。

エプロンドレスを着た若い女性店員が、水とおしぼりを一つずつトレイに乗せて彼らのテーブルに持ってきた。

店員は水とおしぼりを堺さんの前に置くと、「ご注文がお決まりになりましたら、こちらのベルでお呼び下さい」と言いおいて踵《きびす》を返そうとした。

入店するとき、指で二名と示したにもかかわらず、水とおしぼりを一つしかもってこないとはどういうことだ。

少し立腹した堺さんが、「彼女の分は？」と注意したところ、店員は慌てた様子で謝罪し、水とおしぼりをもう一組持ってきた。

その日の夕方、ファミレスへ行った二人は、昼の体験を繰り返すことになった。

ウェイトレスが堺さんにだけ水とおしぼりを持ってきて、彼女の存在を無視したのだ。

また？　と苦笑いする彼女と顔を見合わせてから、堺さんは呼び鈴を押してウェイトレスを呼び出した。

「俺ら二名なんだけど？　もう一つ、水とおしぼり持ってきてよ」

ウェイトレスはしばし首を傾げてぼんやりしていたが、彼女と目が合うなり〈ハッ〉とした表情で頭を下げ、小走りで水とおしぼりを持ってきた。

「今日は変なことばっかりだったね」

そう言って駅で別れた彼女の笑顔を、堺さんは一生忘れられないという。

堺さんの彼女は、その日の晩に自宅で亡くなった。

とくに持病もなかった彼女の死因は、原因不明の〈心臓麻痺《しんぞうまひ》〉に落ち着いた。

「一人でファミレスに行ったら、実は幽霊が憑いていて二人に見間違えられて、水が一つ多く出てくるって話よくあるじゃないですか。あのとき俺らに起きたことは、その逆だったんじゃないかと思うんです」

飲食店で透明人間の如くに扱われた際にはもう、彼女の命運は尽きていたのか。

「だとしても、そのときに俺が気づいてやれていたら、運命をどうにかして回避するとか、何か彼女にしてあげられることがあったんじゃないかと……」

声を詰まらせる堺さんに、私からかける言葉は浮かばなかった。

この話を聴取したのは駅近の喫茶店であったが、その際に店から出された水やおしぼりはぴったり人数分で、過不足はなかったことを記しておく。

みちびき

十二、三年前の正月、穂坂さん夫妻は南関東にある某神社へ初詣に行くことにした。地元ではわりと有名な神社だが、訪れるのは二人とも初めてのこと。
駅から案内板を見て歩いたがなかなか神社に着かなかった。

三が日を過ぎているとはいえ、参拝客らしい人を全然見ないのもおかしい。

道を間違えたのだと思い引き返そうとしたとき、目の前に鳥居が現れたという。

それが妙に朽ちて傷んだ感じの木の鳥居で、そのむこうには参道も社殿もなく雑草だらけの空き地がひろがっていた。

二人が困惑していると、

「××神社ならこちらですよ」

と横から声がして、見れば路地の入口にカラスが一羽ちょこんと立っていた。

周囲に人の姿はなく、まさかカラスが喋ったのでは？　と二人が動揺していると、そのカラスは路上をちょんちょんと跳ねるように進んでいった。

まるでついて来いというように見えたので、穂坂さんたちはカラスの後を追って路地に入った。

家と家の隙間のような道をしばらく歩いて出口が見えると、カラスはふいに飛び立ってしまった。

道が突き当たったのは神社の参道で、二人は大勢の参拝客の流れに合流することができた。

参拝した帰りにその路地を逆方向へもどってみると、空き地は見つかったが朽ちた鳥居はどこにも見当たらなかったそうだ。

因縁

船戸さんの家には先祖代々伝わる家宝の日本刀がある。伝え聞くには大昔のご先祖様が戦に持っていき、実際に人を切ったことがある刀だそうだ。

中学生の頃、船戸さんのクラスに斎藤という名の転校生がやってきた。

斎藤は船戸さんと同じクラスの班に入ることになり、話をすることも多くなった。彼は明るい性格の持ち主で、船戸さんともすぐに打ち解けた。

そんなある日、船戸さんたちの班で学級新聞を作ることになった。

地元の歴史をピックアップした記事を書くことになり、船戸さんは郷土の歴史資料を転校生と集めることになった。その際、船戸さんは家宝の日本刀のことを話した。すると斎藤はもともと日本刀が好きで、地元では剣道の道場にも通っていたのだと言う。

「それなら家に見にくるかい」

船戸さんがそう誘うと、斎藤はとても喜んだ。

休日になり、船戸さんの家に斎藤が訪ねてきた。祖父も彼を歓迎し、仏壇のある和室にて日本刀の鑑賞会が始まった。

斎藤は日本刀を受け取ると全体を眺めた。刀身を覗き込んでいるときから急に口数が少なくなってしまい、表情も沈み込んだものに変わっていった。

やがて斎藤は刀を祖父に返すと、丁寧に礼を言い、船戸さんを連れて和室の外に出た。

「悪い、俺今日はもう帰るわ」

すっかり元気をなくしてしまった斎藤を気遣い、船戸さんは何か悪いことをしてしまったかと聞いたが、彼は体調が悪いと言って足早に帰ってしまった。

そして週末が明け、登校日がやってきた。船戸さんが教室へやってくると、斎藤が話しかけてきた。彼は家に訪れた際の非礼を詫び、早々に帰った訳を説明してくれた。

「刀を持ったときに、臭いがしたんだ……」

濃厚な血の臭いだった。それは刀の刀身からにおってきており、斎藤はそれを吸い込んで具合が悪くなったという。それだけではなく、刀身の表面に斎藤の顔が映し出されたとき、背後に落ち武者のように髪を乱した生首が浮かんでいたという。

船戸さんは祖父にこの事を話した。すると祖父は何か思いついたようで、斎藤の出身地を聞いてきた。

斎藤は鹿児島《かごしま》の出身だと言うと、祖父はそりゃあいかんねと笑った。

船戸さんの家は遡《さかのぼ》ると会津《あいづ》藩の藩士の家系で、家宝として伝わる日本刀は戊辰《ぼしん》戦争に持ち込まれたものであったという。

しゃべる大根

居酒屋で編集者のYさんと話していた時に、私がおでんの盛り合わせを頼むと急にYさんの顔が曇った。どうしたのかと聞くと、こんな話をしてくれた。

「おでんは好きなんですよ。で、盛り合わせで頼むと絶対大根入ってるでしょ。それに、見るのもちょっとと苦手なんですよ。餅巾着《もちきんちゃく》とか筋《スジ》とか。でもね、大根だけはちょっと食べられないんですよ。昔は好きだったんですよ。でも、六年程前にね、新橋で頼んだおでんの大根にね、箸で切れ目を入れて辛子を塗ったんです。そうしたらですよ、パックマンの口みたいに、箸で入れた切れ目がパクパクと動いてヒンディー語みたいな言葉で何か言われたんです。吃驚《びっくり》して、ええっ⁉ って皿をのぞき込んだら急にクラっときてね、机に額をガーンと強くぶつけてザックリ裂けて血が吹き出たんですよ。九針ほど縫って、その傷がこれですよ」

額にかかった前髪をかきあげて見せてくれたその場所には、薄っすらと白く引きつった傷痕があった。

飲み過ぎて、幻覚でも見たんじゃないですか？ とちゃかすと、Yさんは「その日は車だったからまったく飲んでない。しかも店に救急車呼ばれて、運ばれている間に駐車料金の余計な出費まであって散々だった」ということだった。

私が目の前で大根のおでんに箸を入れると、顔色がみるみる悪くなっていったので、きっと本当に体験したことなのだろう。

大根がしゃべった言葉の意味は未だに分からないらしい。

「ミィママヤッパーパータジィー」みたいな言葉だったんです。ということだが、意味に心当たりのある方がいたら教えて欲しい。

フライング・ヒューマノイド

「フライング・ヒューマノイドって知ってますか？　僕あれなら見たことがありますよ」

幽霊の話ではなかった。少し落胆しながら、

「ええ、もちろん。近年、目撃者が多いようですね」

かろうじて私はそう答えた。

「空飛ぶ人間。まあ人間かどうかはわかりませんけどね。とにかく黒いヒトガタ、、、、をしたものが、空を上昇したり下降したりするんです。わりと頻繁に——そうですね、年に二、三回は見るかな」

ところが、それを見るのは決まって大きな霊園の上空なのだという。墓石すれすれまで降りてきたかと思うと、見えなくなるほど天高く昇っていく。ふわりと中空を漂っていることもあれば、突然アメンボのようにすばしこく動くこともあるという。

かなりの長時間浮遊しているので何度か撮影を試みたそうだが、なぜか写真や動画には一切うつらないそうである。

サバニ

恩川《おんかわ》さんが沖縄南部の海でボートに乗って釣りをしていた時のこと。八月の台風前の湿気が多い早朝のことだったという。

沖に出てしばらくすると、どこからともなく濃い霧が海面を漂い始めた。と、霧の中に、真っ黒い一隻のサバニ（沖縄の漁業用の船）が漂ってくるのが見えた。後部に小型エンジンが載っているので最近のものだろう。

だが誰も乗っていない。

その代わり、サバニの中央に何かある。

タータンチェックの半袖シャツである。無造作に広げてあった。

だが次の瞬間、恩川さんは変なものを見た。

シャツの右側の袖から、真っ白な腕のようなものがにゅっと現れたのである。それはあたりに何かないか探るように、グルグルと掻き回す動作を繰り返していた。

長さがおそらく二メートルはあった。人間の腕に似ているが、おそらく別のもののような気がして、寒気に襲われた。

その瞬間、そのままサバニは行ってしまったので、それ以上は何もわからないという。

従妹

光男さんの従妹《いとこ》は数年前に殺人事件を起こして現在服役している。

従妹が事件を起こした日は全国的にかなり冷え込み、光男さんの住む地方でも珍しく大雪が降った。その晩、徐行する電車の窓から雪を眺めていた光男さんは、ポケットの携帯電話が震えるのを感じた。

取り出してみたが着信はない。気のせいだったかと思いポケットにしまうと、しばらくしてまた震えを感じた。今度は取り出してもまだ震えていたが、着信の表示はなく画面にはなぜか従妹の写真が表示されていた。

たしかお盆に母親の実家に親戚一同が集まったときの写真だ。撮ったのは十年以上前だが、以前の携帯からデータを引き継いでいたのだろう。でもどうしてこんな写真が今頃？と首をかしげていたら突然画面が真っ暗になり、それきり二度と電源が入らなくなってしまった。

結局端末は帰りに修理に出したのだが、ショップで受け取った代替機に最初に母からかかってきた電話が、従妹逮捕の報だったのである。

ここにあらず

その日、東京は朝から冷たい雨で、正午を過ぎたあたりからひらひらとぼたん雪になった。

かすみさんは体調がすぐれず、午後からのバイトを休ませてもらって布団の中で読みかけだった文庫本を読んでいた。すると仕事に行ったはずの母親がいそいそと部屋に入ってきて、なにかを探しだした。

「忘れもの？　スマホ？」

母親は生返事をするばかりで心ここにあらずといった様子である。まあいいかと本に意識を戻すと、母親はかすみさんの布団の中に手を入れてきて、なにかを探している。

「なになに？　やだっ、ちょっと冷たいんだけど」

布団の中で腕や足に触れてくる母親の手がひどく冷たく、凍てついたように強張っていた。マネキンの手が触れているみたいで、かすみさんは布団から逃げ出した。

母親は布団の中に両手を入れて探している。手の動きが掛け布団ごしにわかる。

「そんなとこにないよ、ほら」横から掛け布団を掴んで引きはがした——母親はいなかった。

その後、勤め先で母親が倒れたと連絡があった。

母親はそのまま意識が戻ることなくこの世を去ってしまった。

西瓜《スイカ》と誰何《すいか》

小学生の頃、康太さんは、夏休みになると子ども部屋にこもりきりだった。

母親には「勉強するから邪魔しないで」と言って、級友から借りてきた漫画をこっそりと読んでいたのだという。

その日、康太さんが漫画に夢中になっていると、「スイカ切ったよ」とドアの向こうから母の声がした。

康太さんは母親が部屋に入って来ないよう、「後で食べるから、廊下に置いといて」と返事をしておいた。

しばらく経ってから部屋の引き戸を開けると、廊下にぽつんと木製のお盆が置いてある。

それを見た康太さんは、目をひん剥《む》いた。

お盆の上に女の生首が乗っている。

額から一すじ、顔に真っ赤な血を垂らした中年女の首は、カッと目を開いて康太さんを見上げていた。

見知らぬ女の生首が、母親と同じ声で〈スイカ好きでしょ？〉とにっこり笑いかけてきた瞬間、康太さんは気を失った。

「お袋じゃなかった。お袋じゃないんだけど、声がそっくり同じだったんだよな」

ほんの数分ほどで康太さんが意識を取り戻したときには、お盆も生首も消え失せていた。

頭がくらくらしたが、漫画だけはランドセルに隠してから居間に向かうと、母親が本当にスイカを切っていた。

「それが、食べたらすごくしょっぱくてさ。お袋に〈スイカに塩かけすぎだろ〉と言ったら……」

母親はきょとんとして、「切っただけで、塩かけてないよ」と答えたという。

「あれからスイカを食うと、あのお盆に載ってたおばさんの顔がまぶたに浮かんできて、塩もかけてないのに、しょっぱい味が口に広がるんだよね」

廊下での怪奇体験以降、康太さんは好きだったスイカが苦手になってしまった。

家におかしな物が出たのは一度きりだったが、夏になってスイカの旬が来るたびに、康太さんは生首のことを忌々《いまいま》しく思い出すという。

苦い思い出

Tさんの通っていた中学校には非常に大きなイチョウの木が生えていた。

以下は、彼女が三年生の頃、そのイチョウの木が切られた日の話。

「一限目から、遠い所で誰かが細く泣いているような声が聞こえていました」

それはTさんに限ったことではなかったようで、休み時間に他の生徒も話題にしていた。

「四時限目に入った頃だったと思います」

チェーンソーの音が聞こえてくるとともに、泣き声はどこかくぐもったニュアンスを含み、やがて何かを必死で堪《こら》えているような具合へと変わっていった。

「チェーンソーの音が止む頃には、何も聞こえなくなりました」

その間、気分が悪くなったと保健室へ向かった生徒が数名。

「あの泣き声が聞こえたという子もいれば、聞こえないけれど調子を崩したという子もいました、他のクラスからも同じように体調を悪くした子が出たようです」

ちょっとした騒ぎになったが、大事に至った生徒はいなかったため、すぐに収まった。

「色付く頃には皆で写真を撮ったり銀杏《ぎんなん》を拾ったり、思い出のある木だったんですけど」

今では友を見捨てたような苦い思いだけが残っているそうだ。

仰向け

文子さんは教員時代の教え子から「今だから言えるけど先生の授業のとき、いつも教壇に落ち武者が仰向けに寝てるから怖かった」と告白されたことがある。

落ち武者の裂けた腹からは腸《ちょう》が飛び出ていて、教え子によれば文子さんはよくその腸に足を引っかけてよろめいていたらしい。

言われてみれば彼女はなぜか何もない教壇でよく転んだのだ。

散骨

　Sさんの父親が昨年亡くなった。

　危篤の知らせを受けたSさんが実家へ戻ると、父はもう既に病院で息を引き取っていた。父の遺体を家まで連れて帰り、そこで母と色々な話をした。

　Sさんの父は生前、とても恐ろしい人物だった。なにか気に入らないことがあるとすぐに怒鳴《どな》り、人や物に当たった。母やSさんの顔を平手打ちしたこともある。暴力的で、自己中心的な人だったという。

　Sさんはそんな父が嫌で、高校を卒業すると就職し、すぐに家を出た。それから時折、都合を合わせて母親とだけ外で出会い、実家には戻らないようにしていた。

　Sさんが家を出た後も、母は父に振り回されており、心療内科に通うようになっていた。母と外で話をする度に、Sさんは自分と一緒に住もうと提案したが、首を縦に振らなかった。

「母さんね。お父さんのことは嫌いよ」

　Sさんに母はそれ以上何も言わなかった。

　荼毘に付し骨壺に納められた父を抱え、母はSさんが運転する車に乗っていた。納骨をする前に父が好きだった近くの川を見に行きたいと母が言い出し、少しだけ寄っていくことにした。

川に掛かる橋の上に車を停め、母は欄干から川の水面を眺めた。川の水位は上がっており、流れも急だった。

突然、母は骨壺の蓋を開けると、躊躇なく遺骨を川に放った。Sさんは慌てて止めようとしたが、事は一瞬のうちに終わっており、空の骨壺を取り上げることしかできなかった。

母は狂ったように大笑いし、自らも川に身を投げようとしたことから措置入院となった。

父の遺骨は川の流れによって回収不可能になってしまった。死体遺棄ということで警察までやってくる騒ぎになってしまった。

葬儀が一段落した頃から、近所の住人や親族といった多くの人が川の近くに父が立っているのを見たという苦情がSさんの元によせられるようになった。

目撃者の話によれば、父は川縁の砂利に佇んでおり、通りかかる人を恨めしそうに睨《にら》んでくるのだという。

「おっかないから何とかしてくれよ」

と大勢の人に言われるのだが、Sさんはほとほと疲れ果ててしまい、何から始めてよいかわからないのだという。

私はSさんに知り合いの寺の住職を紹介した。

いけにえ

大阪市内で現在、製造業を営んでいるTさんから聞いた話になる。

川の堤防で高校の時に、友人とTさんが二人でペットボトル飲料を飲みながらどうでもいい話をしていた。

暑い夏の日だったので、だらだらと汗が流れ落ち不快だった。

「あっちぃなあ、なんやもう空かあ」

Tさんの友人は中身のないペットボトルを川に向けて投げた。すると、ペットボトルはすっと消えるように川に沈んでいった。

空のペットボトルなんだから、沈まないで流れていく筈だよなとTさんは思ったが、暑さのせいもあって深く考えず友人と話しながら家に帰った。だけど、何故かその沈んだペットボトルの光景だけが印象に残りTさんはしばらく忘れることが出来なかったそうだ。

そして、同じ年の暮れに友人がその川で亡くなった。死因は事故と自殺両方で調べられ、今も原因は不明だそうだが、学校でも友達も多く活発なタイプで、部活でも活躍していたから、自殺の線はないだろうとTさんは思っている。

そんなTさんは、ある日図書館に行ったときに地元の郷土史本が目に入ったので、何気なく手にとった。

そこには、こんな話が載っていた。

この町の堤に橋をかけようとしたが、川の流れのせいで、何度も土台が崩れてしまった。そこで橋げたを建てるために人柱を堤に埋めることに決めた。しかしどうやって人柱を決めればいいか分からない。仕方ないので人柱の選び方を神社の宮司に聞いたところ、決して沈む筈のないものが、沈んだら神様がその人を求めた証拠となる。なので、ひょうたんを村人が順番に投げ入れてみて、沈む筈のないひょうたんが沈んだら、その人は生贄《いけにえ》として川の神が選んだという意味になると書かれていた。

沈まない筈の物が沈んだという一文にTさんは、友人のペットボトルが沈んだ時のことを連想してしまった。

「あいつ、もしかしたら何かの生贄になったんかな」

ふと、そんな独り言が口から出て、Tさんはゾッとしてしまったらしい。

ウシュマイとウシュミー

めぐみさんの石垣島の祖父の家に、ウシュマイとウシュミーの仮面が壁に飾ってあった。

それは老人の夫婦の姿をした神様の仮面で、年に一度の島のお祭りでそれを被った人たちが、家内繁栄を願って一軒一軒と練り歩く時に被るものであった。

夏休みなど、祖父の家で眠っていると、それがめぐみさんのあてがわれた部屋に必ずと言っていいほど飾ってあった。

ところが朝になると、その片方が壁からなくなっているのである。朝遊んで、夕方に戻ってくると、それはちゃんと壁のところに戻されていた。

だが祖父に聞いても、どこにも移動などさせていないという。

どこに行っているかどうしても知りたくなっためぐみさんは、ある夜、仮面に向かってこう話しかけた。

「ねえねえ、夜になるとどこ行くの?」

めぐみさんはそのまま眠ってしまったが、朝起きると、なぜかウシュマイの仮面が壁から外れて顔の上に被さっていた。仮面の後ろ側はなぜかレモンの香りがしたという。

「ねえねえ、散歩行くんだったら今夜私も連れて行ってよ」

次の夜、ウシュマイとウシュミーにどこか散歩に連れて行ってもらえると思っためぐみさんは、わくわくしながら仮面にそう語りかけ、寝床についた。

ところが次の朝、めぐみさんは同じ場所にいて、どこかにいった記憶もなかった。

めぐみさんががっかりしていると、その日の昼、祖父が仮面を庭で焼いていた。

なぜ焼いたのか、理由は教えてくれなかった。

ただ一言、こう言われたという。

「お前のためだ。何も言うな」

革手袋

主婦のHさんの父親が亡くなり、形見分けをすることになった。

父親の持ち物で欲しいものは特になかったので、殆どを兄妹たちに分けて、自分は誰も欲しがらなかった使い古した革手袋だけを貰うことにした。

家に持ち帰って以降ちゃんとしまっておいたはずなのに、左右の手袋が右手はキッチン、左手は玄関にと、ばらばらに落ちている、そんなことが複数回あった。幼い子どもが勝手に引っ張り出してそんなふうにしたのだろうと思い、その度に片付けるのも面倒なので、ビニール袋に入れて子どもの手が届かない押入れの天袋にしまっておくことにした。

しかし、それから数日後、右手は一階の廊下、左手は二階の寝室にと、また別々に落ちているので、夫の仕業だろうと尋ねてみたが、そんなものがあること自体知らなかったというのだった。

後日、亡父と同居していた兄にその話をすると、革手袋は父親がどこかの公園に落ちていたのを拾ってきたものだということがわかり、すぐに捨てたという。

見間違えではない

深夜、Eさんの隣の家に救急車が来た。

そっと自室の窓を開け様子を窺うと、気の毒な程に狼狽《ろうばい》した様子で、隣家の息子がオロオロと庭を行ったり来たりしている。

「誰が搬送されたのか確認できませんでしたが、高齢のお爺さんと同居していましたから、きっとそうなんだろうなと思いました」

数日後、葬儀の知らせが届いた。

「でも夜中に救急車で運ばれたのは、お爺さんではなく息子だっていうんですね、風呂でぐったりしているのを発見されたという話でした。じゃあ、あの晩の姿は私の見間違えかと思ったんですが……」

葬儀が終わってしばらく経つ今も、Eさんの自室からは、時々、隣家の息子が庭を行ったり来たりする様子が見えるという。

こちらへ

羽柴さんが以前住んでいた町にSという工場があった。

世界的に有名な企業と名前もロゴも似ており、ずっと前に潰れてそのままになっている。廃墟というほど荒れ果ててはおらず、わずかにツタは這っているが外壁は目立つヒビも染みも落書きもない。敷地内には数台の重機が、まるで眠る象のようにアームを下ろしている。

「近くに夜中まで営業《や》ってるラーメン屋があってよく行ってたんですが、その時にその工場の前を通るんです。いつもは門が閉まっているんですけど、その日は開いてたんですよ。一緒に彼女もいて、珍しいなって話してて。いよいよ解体されてマンションでも建つのかな、なんて話してたら、なんか工場の窓から、わしゃあーって、ビールの泡みたいな白い玉が、たくさん出てきたんです」

なんだろうと立ち止まって二人で見ていると、羽柴さんは急に背中を押され、工場の敷地に入ってしまった。

「押すなよ」と笑いながら振り返ると、強張った表情の彼女が羽柴さんの腕を掴んできて、彼を工場の敷地から引っ張り出した。

そのまま彼女に腕を引かれ、工場から離れた。

「なにがしたいんだよ」と聞くと、

「そっちこそ、なにがしたかったの？」と彼女に怒られた。

窓から出てきた白い玉のようなものには、みんな人の顔があった。

そのことに気がついた彼女はすぐにこの場を離れようとしたが、羽柴さんが急に工場の中に飛び込んだので、慌てて引き戻したのだという。

この工場は昨年に取り壊され、現在は広い敷地に事務所のようなものだけがポツンとできているという。

天井人

引っ越したばかりの一軒家に遊びにきた弟が、なんだか部屋が臭うと言う。

ゴミを溜めているわけでもないし、部屋のどこにも臭いの出るような物などない。

「もしかしたら、天井でネズミが死んでいるのかも」

弟に天井を確認してもらうことにした。

椅子に上り、はめ板を外して天井を覗き込んだ途端、弟が叫んだ。

「お姉、死体がある！」

やっぱりネズミが？　と問うと、弟はいやいやをするように首を振り、椅子から半ば落ちるようにして床にへたりこんでしまった。

仕方なく椅子に上って天井を覗くと、確かにあった。

白い布でぐるぐる巻きにされた人体のような物が、無造作に転がっている。

嫌がる弟を説得し、軍手を貸した。部屋の床にビニールシートを敷いて、弟が死体のような物を運び出すのを待つ。

死体らしき物の上半身を抱えた弟が手伝ってほしいと懇願するので、仕方なく洗い物用のゴム手袋を装着し、足のようなところを持った。

ずっしりとした重量のそれはマネキンだと思いたかったのに、人体に似た弾力があった。警察を呼ぼう、と弟が涙目になっている。

いや、死体だと思うのは早計だ。性的な目的で使うシリコン製の人形かもしれない。きっとそうだ。臭うのも、言うのも憚《はばか》られる体液が腐敗しているせいだろう。

人形のような物をブルーシート上に横たえると、ぐるぐる巻きの布の間に、古いお札《ふだ》のような物が見えた。布は真っ白で新しく見えるのに、お札は年月を経た見かけなのが気になって、指でつまんで札を剥《は》がした次の瞬間。

白い布が触ってもいないのにするすると解けていく。

シートの上には白いシーツが一枚くしゃくしゃになっており、人の形をした何かは影も形もなくなっていた。指先にあったお札の和紙の感触もいつの間にか消えていた。

その日以来、深夜に庭に敷いた砂利《じゃり》を踏む足音がしばしば聞こえるようになった。

「うるさいだけで実害はないんだけど、気味が悪くて。うっかり何かを解き放ってしまったみたいだけど、封じてたお札がなくなっちゃったから、どうすることもできないよね」

彼女は今、引っ越す資金を貯めている最中だそうだ。

依頼

西沢さんが結婚したのは昨年の夏。相手は五つ年上の再婚者である。
優司という名前通りの優しい男性だ。前妻は病気で亡くなっていた。
初めて抱かれた夜、西沢さんはその前妻に出会った。
夜中、ベッドの横に立っていたのである。
前妻は、この人をよろしくお願いしますと言い残して消えた。
消える寸前の微かな微笑みに切ない愛を感じ、西沢さんは涙をこぼしたという。
夫婦になって半年が過ぎた頃、優司の本性が見えてきた。
日常に恫喝《どうかつ》と暴力が溢れ始め、西沢さんは心身ともに傷が絶えなくなってきた。
下腹部を強く蹴られ、下血した夜、久しぶりに前妻が現れた。
前妻は、満面に笑みを浮かべて言った。

この人をよろしくお願いします。

ギャップ

佳美さんのバイト先のコンビニに毎日訪れる、髭面《ひげづら》で作業着姿の大柄な男性は、いつ見ても左肩に野球のボールくらいの大きさの〈顔〉を乗せていた。

〈顔〉は桃の実に似た質感と色合いだが、どんぐり眼と団子鼻、そしておちょぼ口がついている。

毛髪や眉毛はなく、耳は見事な福耳だ。

男性は毎回揚げ物系の弁当とペットボトルのコーラを買っていく。

「お弁当温めますか?」

佳美さんがそう訊ねると、

「オネガイシマース!」

男性のかわりにその〈顔〉が甲高《かんだか》い声で答えるのだという。

だが〈顔〉の存在に気づいているのはどうやら佳美さんだけらしく、他のバイトたちは男性を単に「声と見た目にギャップのある客」だと思っているようだ。

子猫

当時中学生だった奥田さんは、河川敷のグラウンドにて行われていた野球部の自主練を終えて、自転車で家に帰る途中だった。時刻は正午、太陽は青空の真上にあり、容赦のない日差しが照り付けていた。

奥田さんは暑さにやられて具合が悪くなり、涼を取れる場所を探して少し休む事にした。しばらく自転車を漕ぐと土手から川を跨いで架かる高架橋がある。

高架橋下に入ると人気がなく、川の湿気と通り抜ける風によってひんやりと涼しかった。一息ついていると、ふとどこからかか細い鳴き声がしたような気がした。奥田さんが耳を澄ますと、ミー、ミーと動物の鳴き声がはっきりと聞こえた。

高架橋下の空間を見渡すと橋の基礎部分であるコンクリート造りの土台脇に、段ボール箱が置かれているのが見えた。奥田さんは近寄って段ボール箱を覗き込むと中には一匹の子猫が入っていた。黄色の地毛に茶色のストライプが入ったトラ猫で、掌の上にのるほど小さい。子猫は奥田さんを見上げると、親猫でも見つけたかのようにか細い鳴き声を上げて前足を伸ばしてきた。

奥田さんが掌を広げて段ボールの中に手を入れると、子猫は飛び乗り、背を丸めて寝ころんだ。両手を合わせてすくい上げるように子猫を自分の顔の近くまで持っていくと、子猫は奥田さんをじっと見つめ、ミャアと短く鳴いた。

その愛らしい姿を見ていると、奥田さんの中でこの子猫を家に連れて帰りたいという衝動が大きくなった。家に来るか？　と奥田さんが口に出そうとしたとき。

「だめよ！」

女性の鬼気迫る声が響いた。それは背後から聞こえ、奥田さんは咄嗟《とっさ》に振り返った。しかしそこには誰もおらず。周囲を見渡しても高架橋下には誰もいなかった。

子猫を乗せた掌《てのひら》に何か小さなものが落ちた。二つ、三つ、それは続けざまに落ち感触はあっという間に増えていく。何かが掌で蠢《うごめ》く、無数の足が這うような。

奥田さんは視線を掌の上に戻すと絶叫した。

掌の中央に横たわった子猫の目や口から虫が溢れ出して、小さなゴキブリや無数の蛆虫《うじむし》が奥田さんの掌を覆い尽くしていた。子猫の体は所々が腐敗しガスによって膨らんでおり、胴体には赤黒い穴が開いて、そこからも虫が頭を覗かせていた。

奥田さんは半狂乱で虫を手から落とした。その拍子に腐敗した子猫の体から体液が噴出し、顔に直撃した。おぞましい腐敗臭はしばらく口に残ったという。

ブルームの幽霊

　オーストラリアにあるブルームという小さな町にいた時、扇風機さえない、安宿の窓辺でぼけーっとしながら温《ぬる》くなったコーラをちびちびと飲んでいると、見知らぬ青年に「日本人か？」と声をかけられた。見た感じ、彼も旅行者のようだった。

　そうだと答えると、一眼レフのカメラを鞄から取り出して、こんな話をしてくれた。

「ところで君は幽霊って見たことある？　僕は昨日見たよ。夜にね、海から人が上がってきて、最初ダイバーだと思ったんだ。でも日に焼けた肌で、服を着てなくってね、あばらが浮くほど痩せていた。肩から胸にかけて海藻と割れたフジツボがくっついてて、このカメラを首から下げていたから、夢中でシャッターを切ったよ。だってどう見ても生きている人間には見えなかったから。息をするのも忘れるほど夢中で何枚も何枚も撮った。すると、口からね、ピンク色の血混じりの泡を吹いてばったりと、幽霊がその場で体を折るように倒れたんだ。勿論駆け寄ったよ。すぐにね、そうしたらそこには海藻が小さな山のように積み重なっていて、その中でこれを見つけたんだ」

　どんぐり大の小さな白い粒をポケットから取り出して見せてくれた。最初、私はそれを何かの歯かなと思ったが、彼は真珠だと思うということだった。

「ブルームって真珠の養殖で栄えた町だろ。それも日本人の手によってね。だから昨日見た幽霊は、潜水病で死んだ日本人なんじゃないかって思ってるんだ。だから消えた場所に真珠が残されていたんだよ」

「幽霊はよく見るんですか？」

「たまにね。君も見えるといいね」

青年に撮影した写真を見せて貰ったが、夜の海岸によく見ると人影らしいものが見えるといった程度でまったく鮮明ではなく、がっかりしてしまった。

でも私も幽霊を見てみたかったので、夜になってから浜辺に出かけようとしたが、宿のオーナーに「毒蛇がいて噛まれたら死ぬからやめとけ」と止められた。

チャービラサイ

台風が過ぎ去った、沖縄のとある離島。下地《しもじ》さんは近くの浜辺を散歩していた。すると台風後の浜辺に打ち上げられたいろんな木材やゴミなどに混じって、トートーメー（仏壇の位牌）が一つ漂着しているのが見えた。

名前を見ると、どうやら隣の集落のもののようだった。

そこで所有者がわかるまで家で預かろうと思い、持ち帰って家の仏壇の隅に置いた。

するとその夜から、家の中が騒がしい。

玄関の扉が、誰もいないのにガラガラと開いて、女性の声でこう聞こえる。

「チャービラサイ（ごめんください）……」

出てみると誰もいないし、扉も開いていない。

今度はトイレの水が勝手に流れる。階段を誰かがゆっくりと歩いてくる、ギシ、ギシ、という音だけ聞こえる。

怖くなった下地さんは、次の日トートーメーを集落の公民館に置いてもらった。

すると次の日に公民館の者が来て、トートーメーを返すと言い出した。その人は下地さんにこんなことを告げた。

「昨夜から夢にずぶ濡れの女が出てきて、下地さんのところに戻して欲しいって……」

「えー冗談いうな。怖いばーてー……」

それでも公民館の男性が引き下がらないので、仕方なく下地さんは再び仏壇にトートーメーを置いた。

するとその夜から、激しい金縛りに襲われた。目を覚ますと、胸の上にかすりの古い着物を着た初老の女が座って、重そうな石臼を挽いている。

ガリ、ガリ、ガリ、という音が耳元で聞こえた。恐怖に震えていると、初老の女は白っぽい端切れのようなもので、微笑みながら下地さんの額の汗を拭いた。

一週間後に持ち主がわかったのでトートーメーを持って公民館に向かうと、そこには金縛りにあった時に現れた老婆と同じ顔をした女性がいた。

なんでもこのトートーメーは、その女性の双子の姉だということで、家の一部が台風で破壊された時に風に飛ばされてなくなったものだという。

「そこでトートーメーをお返ししたんですが、でも夜になるとね、時々誰かが訪ねてくるんですよ。外から声が聞こえるわけ。『チャービラサイ』って、女性の声でね」

下地さんは怖くて一度も返事をしたことがない。

ガソリンスタンド

二年ほど前、Ｊさんの住む街に新しくガソリンスタンドができた。

自宅からのアクセスがよく、ガソリン価格も安めだったのでよく利用していたが、オープンから半年ほど経った頃、そこの事務所でボヤ騒ぎがあった。

たいしたことにはならなかったが、場所が場所だけに『しばらく休みます』という看板が店の前に立てられ、その日から利用できなくなってしまった。

そこで働いていたアルバイトスタッフによると、事務所のなかの自動販売機で飲み物を買おうとした客の躯《からだ》、正確にいうと背中から肩に掛けての部分が、突然、発火したというのである。

もちろんそこは喫煙不可で、客も煙草を吸ってなどいなかった。まったく火の気がないにもかかわらず、そんなふうになったので消防士たちは皆、首を捻《ひね》っていた。幸い客は軽い火傷《やけど》で済んだそうだ。

だいぶ経ってからＪさんはあることを想起し、俄《にわ》かにぞっとした。

Ｊさんが中学生の頃、今のガソリンスタンドがある場所は、当時、広大な桃畑だった。

そこで焼身自殺した者がいたのである。

借金の返済で金策に困った中年男性で、それはJさんの同級生の父親だった。

ちょうど今の事務所のある辺りに、黒く焼け焦げた跡がかなり長い間あり、その付近を通ることがなんとなく厭《いと》わしかったことを思い出したという。

札幽霊

Uちゃんはアイドルの追っかけをしている。

地方への遠征も多いため、いつも安価なホテルを探すようにしているそうだ。

その夜も、友人と地方の格安ビジネスホテルに泊まった。

「二人別々に個室をとったんだけど、私の部屋、明らかに雰囲気がおかしかったのね」

まさかまさかと思いつつ、壁の安っぽい額縁の裏を確認した。

「御札がね、ベッタリ貼られていて」

何が書いてあるのかは読めないが、圧倒されるような力強い毛筆書きのそれは、汚れもなく真新しい様子で、かえって恐怖感を煽《あお》ってきた。

急いで友人の部屋に駆け込む。

「彼女はそういうの面白がる娘だから、見てみたいって……」

友人と二人で部屋に戻ると、恐る恐る額縁をズラした。

しかし、さっきの札がどこにもない。

何かの拍子に剥《は》がれてしまったかとベッドの下まで確認したが、ない。

「でも、それはそれで怖いじゃん」

御札を見つけた場合、ゴネると口止めの約束と共にホテル側が良い部屋を用意してくれると何かで読んだことがあるが、ない以上それもできない。

結局、友人に泣きついて彼女の部屋で寝させてもらった。

「だから私、ホテルで何か変な雰囲気を感じても、もう御札を探さないの。御札自体がお化けだったら怖いから」

なので、今は自分専用の札を持ち歩いているという。

ストレンジ・ドッグ

警察犬が犯人の衣服を嗅ぎ、逃走ルートを探し当てる。日本でもよく目にする光景だ。アメリカでは警察のみならず、民間にも麻薬探知に特化した犬や死体の捜索を専門とする犬が存在する。次に紹介するのは、そんな「死体犬」の信じられない話だ。

一九九九年、ミシガン州の国有林で行方不明者の捜査が行われていた。現場に居たのは死体捜索犬のドーベルマンピンシャー「イーグル号」と飼い主のサンドラ・アンダーソン。イーグル号はこれまでにも数々の人骨や遺留品を発見し、天才犬として名を馳せていた。ミシガン、オハイオ、インディアナ、ウィスコンシン、ルイジアナ。各州に招聘されては百発百中ともいえる確率で証拠品や遺骨を発見。その功績を買われてパナマやボスニアの捜査にも招かれるほどであった。

まもなく、イーグル号はその評判に違わぬ結果を示す。誰も注目していなかった地域で人間の鎖骨を発見したのである。翌日にはさらに八つの人骨を発見。サンドラはその骨がウッドチッパー（木を粉砕する機械）のなかにあったと証言する。骨の持ち主が他殺体であるという動かぬ証拠だった。

しかし、ここで不思議な事が起こる。見つかった人骨のDNAは全米中のいかなるデータベースとも一致しなかったのである。捜索願が出されていない行方不明者がいるのかと、捜査員たちは新たな事件の予感に色めきたった。

ところが、事実はまるで異なるものだった。

二〇〇二年、一人の捜査官が「骨を植えるサンドラの姿を見た」と証言したのである。この証言をもとに警察官がサンドラの家を捜査したところ、室内から無数の骨が見つかり彼女は逮捕された。サンドラは地元の知人検察官から人骨を入手し、犯罪の現場にそれを埋めていたのだ。さらに調べると、サンドラが自分の血液で凶器や布などを染め、現場に隠していた事実も発覚。

彼女は「重要な事実の偽造と隠蔽、司法妨害」で、懲役二十一カ月の判決を受けている。人々の次なる注目は「イーグル号が本当に天才犬であったのか」だった。しかし、それも証明する事はできなくなってしまった。サンドラの裁判中、イーグル号は心臓病でその生涯を終えていたからだ。

イーグル号自身は本当に奇跡的な嗅覚を持っていたのかもしれない。しかし、虚栄心に取り憑かれた飼い主の心までは嗅ぎ当てられなかったのである。

ストレンジ・キャット

飼い主に翻弄された犬の次は、組織に振り回された猫の奇妙な話を紹介しよう。

冷戦が激しさを増す一九六〇年代、米ソは相手の動向を探ろうと躍起になり、お互いの組織にスパイを送り込んでいた。しかし人間は感情的なミスも多く、素性がバレたり逆に相手方に取り込まれる事態も珍しくなかった。そこでCIAの科学技術本部は「人間以外の生き物をスパイに仕立て上げる」という計画を思いつく。白羽の矢が立ったのは一匹の猫。かくして、盗聴猫（アコースティック・キティ）と命名された計画が動き出した。

その内容は、猫にとっては甚《はなは》だ迷惑なものであった。彼らは猫を開腹して小型マイクと無線機を体内に埋め込み、尻尾にもアンテナの役割を果たす外科手術を行ったのである。さらにはネズミに気を取られることが無いよう、空腹を感じないための特殊な手術も施した。この計画にかかった費用は、日本円でおよそ三十六億円と言われている。

かくしてアコースティック・キティは、皆の期待を一身に背負って、試験的に最初の任務へと駆り出された。最初のミッションは「ソ連大使館そばの公園で、ベンチに座る男たちに近づき会話を盗聴してくる」というものだった。

公園に横付けされたライトバンの後部ドアが開き、そこから猫が解放された。ＣＩＡの職員たちが見守るなか、訓練された猫はまっしぐらにベンチへと向かったが、そこに偶然通りかかったタクシーに轢《ひ》かれて即死、一瞬で肉の塊《かたまり》となってしまった。

その後も計画は継続されたものの、目標の至近距離まで猫をスムーズに連れて行くのは困難であるとの結論に達し、プロジェクトはあっけなく中止となっている。

この計画は二〇〇一年、情報公開法により公開された関係文書で初めて明るみになった。それまでにも噂はあったが、誰もが「そんな荒唐無稽《こうとうむけい》な計画、本当にあるはずがない」と一笑に付していたのである。事実は奇なりという事例だ。

ちなみに、この失敗にも懲りずＣＩＡは一九七〇年代になると、鳥を使って盗聴や盗撮を行う計画を練っている。彼らは一羽のワタリガラス「ドーダ」を調教し、ソ連の地対空ミサイルを撮影するプロジェクトを立ち上げた。

ところが、いざ計画を実行しようとしたその矢先、ドーダはその地域を縄張りとする他のワタリガラスから攻撃を受け、二度と戻ってこなかった。ソ連には勘付かれなくても、野生の勘は避けようがなかったのである。

動物を思い通りにできると思うのは、やはり浅はかで傲慢《ごうまん》な考えのようである。

その花は

道路には、前日の雪が溶けかけのシャーベットになっていた。

出勤中だった富田さんが歩道を歩いていると、交差点を右折してきたスクーターがすぐそばで転倒した。よくこの時間に見かける宅配のスクーターである。

スピードはそれほど出ていなかったので大したことはないだろうと見ていると、スクーターに乗っていた人はすぐに立ち上がって、混乱しているのかあたふたとしはじめた。

五十代くらいの女性で、周囲の視線を気にしながらスクーターを端に寄せようとしているので、富田さんは手伝ってあげた。

それが終わると女性は、足元の灰色の雪を手でかき集めだした。

なにかを落としましたかと問うと「花です」と女性は答える。自分が踏んで散らしてしまったから集めているのだという。

見たところ花らしきものはない。

頭でも打ったのかと本気で心配したが、その後の言動に異常は見られず、女性は丁寧にお礼を言うとスクーターに乗って去っていった。

数日後の朝、まったく同じ現場で事故が起きた。

富田さんはたまたま直後の現場を見ていた。

雪はもう残っておらず、深刻な量の血が路面を濡らしていた。

その日の夜。

その現場に花が手向けられているのを見た。

そこは、先日のスクーターの女性が雪をかき集めていた場所と、まったく同じ場所であった。

パタパタ

賃貸マンションの最上階に入居して間もなく、屋上から足音がするのに気づいた。聞こえるのはいつも夜。日付けが変わる前後の数分、パタパタと屋上を歩くような物音がする。

寝つきの悪い夜に足音が聞こえてくると、無性に苛々《いらいら》した。真夜中ではあるが、ほんの数分のことであるし、文句を言いにいくほどでもないとしばらく放置していた。

放置したのが良くなかったのだろうか、それまでは眠れない日だけ気になっていたのが、寝ている最中にパタパタと響く足音で目が覚めるようになった。たかが足音、さほど大きな音でもないのに、何故眠りを妨げられるのかが理解できなかった。

さらに困った事態が生じた。足音の持続時間が徐々に延びてきたのだ。最初は一分もしなかったものが、十分ほどもパタパタするようになってきている。耳栓を試したこともあったが、車の走行音は遮蔽されるのに〈パタパタ〉音だけはクリアに聞こえた。

ある夜、あまりにパタパタ喧《やかま》しいので、懐中電灯片手にマンションの廊下に出た。

廊下の突き当たりにある、屋上へ通じる扉のドアノブを握る。施錠されておらず、ドアは軽く軋《きし》んで開いた。

貯水タンクの裏まで確認したが、屋上には人っ子一人いなかった。ドアを開いて屋上に足を踏み入れる直前まで、足音は高らかに鳴っていたはずなのに。

よくよく見れば、フェンスの近くに小さな黒っぽい物がある。近寄って照らすと、踵《かかと》の履き潰された黒いローファーが一足置いてあるのだった。

どうして屋上に靴が、しかも綺麗に揃えて？　不吉な想像が頭に湧き出てくるのと同時に、ローファーは片足ずつ〈パタタン、パタタン〉とスキップするように浮き上がった。

透明人間が履いているかの如くに、ローファーは屋上を〈パタパタ〉と移動する。

ひと頻《しき》り踊り狂うと、ローファーは再びフェンスの近くで左右の踵を揃えて静止した。

その爪先は、フェンスの外側に向いていた。

部屋に逃げ戻り、一睡もできず夜が明けるなり、もう一度ローファーを確認しに行くと、いつの間にか施錠されていて屋上へ通じるドアは開かなかった。

現住所をネットで検索してみると、何十年も前にこのマンションの屋上から、住人ではない女子学生の飛び降りがあったとわかった。

現在は賃貸情報サイトで代替物件を探す日々である。

失踪

田中さんたちは十数年前、一家四人で二日間ほど行方不明になったことがある。

自宅から二キロほど離れた公園のベンチに並んで腰かけている状態で、夫妻と小学生の息子二人、ほぼ同時に我に返った。職場からのメールや留守電を確認してようやく二日経っていたことに気づいたのだという。四人ともその間の記憶がなかった。

混乱したまま自宅マンションに帰ると、冷房もテレビもつけっぱなしのリビングには二日前の夕食が食べかけの状態で四人分、そのまま放置されていた。

とくに空腹でも脱水状態でもなかったから、おそらく失踪中も食事や水分補給はしていたのだろう。だが財布は家に置いてあったし、少なくとも公園では全員手ぶらだった。

田中さんたちは二日前の夕食中に何があったか懸命に思い出そうとしたが、テレビを見ながら他愛のないお喋りをしていたことしか記憶になかったらしい。


この件について、大学生になった長男が最近こんなことを言い出した。

「公園で気がつく前に、みんなでかなり大規模な葬式に出てた気がするんだよね。祭壇にでっかい遺影があってさ、でも見たら人間じゃなくて蝉《せみ》の写真なんだよ。なんだこれって指さして笑ってたら、誰かに頭をひっぱたかれたのも覚えてる」

当時は単なる夢だと思って黙っていたが、最近になって気味が悪いくらい葬式会場の細部の記憶がよみがえってきたというのだ。

自分の頭をひっぱたいた人物のことも思い出した。

その人は女物の喪服を着ていて目も鼻も口もないのっぺらぼうだったが、顔の真ん中にぽつんと蝉が一匹とまっていたそうだ。

接続

いつもと変わらない朝だった。高木さんは会社に行くために中央線の通勤快速に乗っていた。朝の中央線は混んでいて、身動きが取れないほど人が詰め込まれている。

高木さんは比較的空いている先頭車両を選んで乗り込んだのだが、車両内は満員超過という有様で、他の乗車客によって、車掌がいる運転席のすぐ近くに押し込まれてしまった。

満員電車の息苦しさと不快感を少しでも和らげようと、高木さんは耳にイヤホンを差し込んだ。少し前に買ったばかりのブルートゥース接続ができるワイヤレスイヤホンで、コードが絡まないので扱いやすく、気に入っている物だ。

スマートフォンとイヤホンを接続する。

『コネクト』

無機質な電子音声が接続を知らせ、音楽の再生が始まる。そのはずだった。

高木さんの耳に聞こえてきたのは、大勢の人間の声が作り出す喧騒の音だった。

その中で、一際鮮明に聞こえる音があった。荒い息使い、低い獣の唸り声のようなものが聞こえた。

『どれにしようか……。どれがよいものか』

老人のしわがれたような声がした。

『決めたぞ』

そのとき、イヤホンから通勤快速列車が駅のホームへ侵入するというアナウンスが聞こえた。高木さんは反射的に運転席の先を見た。

前方には通過駅のホームが見えており、溢れんばかりの人々が並んでいた。

その中から一人、スーツ姿の男が線路に飛び出した。

一瞬のことだった。電車に衝撃が走り、スーツ姿の男は車体の下に消えた。けたたましいブレーキ音、車体が大きく揺れて電車は止まった。

『ひひ、ひひひひ』

短い笑い声がイヤホンから聞こえ、接続が途切れた。

ナイフ

電車の中で座席に座って、梨《なし》を剥《む》いている中年のおじさんがいた。

梨の皮や果汁がぼとぼと床に落ちて汚い。

Uさんはそれを見て、電車の中で梨なんて剥かないでください。ナイフも危ないし、床も汚してはいけないですよと注意しようかと思ったが、変に反感を持たれてナイフで刺されるかもしれないので、三つ先の自分が降りる予定の駅まで見て見ぬふりをして我慢することにした。

電車が動き始め、しばらくすると停止信号のアナウンスが流れ、ガタンと電車が止まった。

おじさんは「おっと」と声を発し、ナイフが手にあたって、ぽとんと指先が落ちた。

切れたというより、落っことした感じだった。

血は出ていない。切り口は真っ平で肌色の蝋燭《ろうそく》か練り切りのようだった。

えっ？　とあっけにとられてUさんが見ていると、急に梨を剥いていたおじさんは床に這いつくばり落ちた指と梨の皮を舌で舐めとるように食べはじめた。

嫌だな、気持ち悪い。辺りを見渡すと他の乗客もそのおじさんを潰れたゴキブリを見るような嫌そうな目で見ていた。床の上に落ちた物を食べ終えると今度は剥いた梨を舌で舐めとるような仕草で食べ始め、電車が動き始める頃に食べ終えた。それからしばらくちゅうちゅうとナイフを舐めながらわけの分からない独り言をつぶやき始めたので、Uさんはなるべくそちらを見ないようにした。どう見ても色んな意味で危ない人だったからだ。

そして「もう落ち着いた」と言って次の駅でおじさんは素早く電車を降り、おじさんがいた座席にナイフだけが残されていた。

隣に座っていた人に、さっきの人、あれ、なんだったんでしょう？　とUさんが聞いたところ、分からないと答えられた。

同じ車両には二十人近くが乗っていてみんな見ていた出来事なので、白昼夢とも思えない。あれは何だったんだ？　と思いながらUさんの目的の駅に着いたので降りた。ナイフは誰も触らず座席に置かれたまま、電車のドアは閉まり出発した。

梨やナイフを見るたびに、あの奇妙なおじさんの出来事をUさんは思い出してしまうらしい。人間のフリをした何か別の生き物だったのかも知れない。

アマガエル

雨の日に、タツヤさんは自宅の庭が見渡せる縁側でくつろいでいた。

タツヤさんの目の前の庭石に、一匹のアマガエルが現れて、ゲロゲロと鳴いていた。と、木の影からいきなり真っ赤なものが現れた。

子どものような感じだが全身が恐ろしいくらいに赤い。赤い子どもはそのアマガエルを捕まえると、一気にぱくっと飲み込んだ。

そのまま庭のガジュマルの木にするすると登っていき、登っている途中で木に溶けるようにして消えてなくなった。

沖縄では古来より、樹齢を経たガジュマルの木にはキジムナーという妖怪が棲むといわれている。

グローブを持った少年

十年ほど前、Cさんは当時まだ小さかった息子を連れて河川敷のグラウンドに行くと、少年野球の子どもたちが練習をしていた。

土手に腰を下ろしてそれを眺めていると、小学校低学年ほどのグローブを持った少年がいつのまにか近くに座っている。

きっとこの子も野球をやりたいのだろう、入団希望者なのかな――と、そんなふうに思っていると、ティーバッティングで打たれたボールが、Cさんたちのほうに向かって勢いよく飛んできた。

慌てて息子の頭を抱えこんだが、球は近くの少年にまともにぶつかったように見えた。おい大丈夫か、と腰を上げた瞬間、当たったはずの子どもがすっくと立ち上がり、グローブをはめて元気よく土手を駆け下りていく。

その途中で姿がかき消えてしまったので吃驚《びっくり》して眼をこすったが、更に愕《おどろ》いたのは、飛んできたボールを息子が手にしながら笑っていたことだった。

水音

F氏は毎朝のジョギングを欠かさないそうだ。

「その日も、五時前には家を出ました」

日課のコースを辿り、途中の河原でひと休みしていると、川上の方が騒がしい。

いつも穏やかな川である、不審に思い、音のする方に顔を向けた。

「バシャバシャっと、まるで誰かが溺れてでもいるかのような音なんです」

しかし音は聞こえるものの、川は普段の静かな流れ。

「水しぶきのひとつもないもんですから、なんだろうと」

身構えるような気持ちで流れを見やるF氏の手前で、突然音が止んだ。

「そしたら、プカッっと」

川面から浮かんだ人の頭、鼻から下は水面下にあり見えない。

「すごく綺麗な目で、私の方を見つめてきまして」

呆気にとられ、じっと見つめ返すF氏。

視線だけをこちらに向け、流れて行く頭。

やがて距離が離れると、それは再び水に没した。

同時に、今度は川下から聞こえるバシャバシャという音。

「そのまま、流れて行ってしまいました」

その後しばらく、気が気ではなかったとF氏は言う。

「いや、見つめ合いましたからね、あれ、本当に流されてた人だったらと思うと……」

しかし幸いなことに、何日経っても、それらしき報道などはなかった。

「溺れた人じゃなくて良かったというか……まぁ見つかってないだけかもしれないですけども……ああいやどうなんでしょう、そういうモノだったと思いたいですね」

穏やかな流れの割に、数年に一度は水難事故が起こる川なのだという。

たった一度

明菜さんがたまに見る夢がある。

場所は子供の頃に住んでいた家。明菜さんは小学生で、母親は今現在の年頃であり、他の家族は出てこない。飼ったことのない犬がなぜか家にいる。家の中は電気がついているのに薄暗く、険悪な空気に満ちている。自分がした「何か」のせいで母親の怒りを買ってしまい、母親に頬を何度も平手で打たれる――という夢である。

おそらく、はじめて母親に叩かれた小学生の時の記憶であるという。

今でも母親は明菜さんのことをよく叱るそうだが、手をあげたのは後にも先にもその一度だけであった。このたった一度の平手打ちが（といっても複数回だが）、なぜか成人してからたまに夢で見るようになった。頻度はまちまちだが、だいたい二、三カ月に一度。

目覚めた後も、鮮明に夢の細部まで覚えている。

数年前に帰省した折、明菜さんは母親にこうたずねた。

「わたし、なんであんなに叱られたんだっけ?」

すると、母親は強く否定した。

叩いたことなど一度もない、と。

しつけだろうが教育だろうが、叩けばそれは暴力。どんなに腹が立っても、子供を叩くようなことは絶対にしない、と母親は語気を強めた。

では、小学生のころに母親に叩かれた記憶はなんなのか。

ただの夢を、実際にあった過去の出来事だと思い込んでしまったのか。

あの時のことは、夢以上にはっきりと身体が覚えている――はずだったのに。

自分の記憶に裏切られたみたいで、もやもやとしていると、

「ああ、わかった、あの日ね」

突然、母親が当時のことを思い出した。

「あれは叱ったんじゃないの。仕方がなかったの」

あの日、友達の家へ遊びに行って夕方ごろに帰ってきた明菜さんは、目つきや表情などが普通ではなく、何かがとり憑いたような顔をしていた。外で拾ってきたようなものをたくさん持ち帰って、それを食べようと口に入れるので母親は彼女の頬を何度も叩き、正気に戻したのだという。

叩かれたこと以外、まったく覚えていなかった。

自分はなにを食べようとしたのかと聞くと、それは聞かないほうがいいといわれた。

フェイスシールド

午前二時過ぎ、眠れないので少し家の周りを散歩することにした。

街路灯もまばらな住宅街は寝静まり、すっかり闇に沈んでいる。世界最後の人になったかのような高揚した気分で歩いていると、自分以外にも散歩する奇特な人に出会った。

スーツ姿の男性が、二十五メートルほど先からのろのろとこちらに歩を進めている。

こんな深夜に出歩くなど、徘徊老人、もしくは痴漢ではないかと危ぶんだが、よく見れば飲み会帰りのサラリーマンのようでもある。

確認しようと目を凝らしても、向こうから歩いて来る人の顔がよく見えない。服は夜目に不自然なくらい鮮やかに見えるのに、何故だろう。

目を擦りたくなって掛けていた眼鏡をずらすと、周囲の風景はぼんやりと輪郭をにじませたが、男性の顔だけがはっきりと見えた。

ずいぶんと離れていたはずが、気づけば男性は目の前に立っていた。

男性は同じ顔が二つ、上下にずれて重なり合っていた。本来の顔の上に、精巧な自分の顔の仮面をわざとずらして付けているのか。

横を通過する瞬間、お面かと思われた上の顔が、にぃ、と嘲笑《あざわら》うように歪んだ。

空っぽの子

長年、海外で単身赴任していた今村氏に聞いた話。
ある日のこと。趙《ちょう》という警備員が、いきなり吐血して倒れた。
どうやら本人には心当たりがあるらしく、慌てた様子が無い。
警備会社の担当者を呼びつけて訊くと、意外な答えが返ってきた。
あくまでも噂だが、趙は自分の子供を売り飛ばした過去がある。
その子が怨んでいるのだという。同僚の何人もが目撃した。裸の女の子だ。
鎖骨から下腹部まで切り裂かれており、体内が丸見えである。
だが、中身が無い。あるべきはずの臓器が見当たらない。
女の子は無表情のまま、趙の側に浮かんでいる。時折、手を上げ、趙に触れる。
趙は、その手を止めようとする。本人にも見えているらしい。
だが、女の子は趙の手をすり抜け、そのまま体内に潜り込んでいく。
その瞬間、趙は吐血するのである。だから仕方がないのだ。
担当者は真顔でそう答え、解決策として人員の変更を申し出た。

泥人形

マキタさんが高校生の頃、よく祖父から小遣いを渡されて用事を言いつけられていた。

近所に祖父が所有している竹林があり、そこの見回りをすることだった。

竹林の中は昼間でも薄暗く、じめじめとした湿気があった。そこを奥まで歩いて異常がないか確認する必要があった。

ある日、マキタさんは竹の下に奇妙なものを見つけた。それは黒と灰色の塊で、近づいてみると小さな泥人形だった。五十センチほどの大きさがあり、平べったく成形された顔には指でなぞられたであろう顔が描かれていた。その顔がどことなく間が抜けたものであったので、マキタさんは竹林で遊んだ子供が作ったものだと思い、そのままにした。

数週間に一度の頻度でマキタさんは竹林に足を運んだ。

そして以前、泥人形が置かれていた竹の下を見ると、またしても泥人形が置かれていた。それも前回のものよりも大きく、人型の造形も上手になっていた。泥人形の顔も指で描かれた簡易なものから、デザインナイフでも使って引かれたような漫画絵のようなものになっていた。ちょっと不気味だなとマキタさんは思ったが、特に害はないし、手が込んでいるのがわかる泥人形を潰してしまうのも気が引けたので、放っておいた。

それから梅雨の時期になり、マキタさんは一ヶ月以上竹林に行かなかった。久しぶりに竹林へ訪れたマキタさんは竹の下に、い草で作られた大きなござ敷きが落ちているのを見つけた。ござ敷きは不自然に盛り上がっており、何か下にあるようだった。

マキタさんはゆっくりとござ敷きを持ち上げてみた。

ござ敷きの下には泥人形が横たわっていた。それも以前に見つけたものとは比べ物にならないほど精巧に作られた人型であり、彫刻のような出来をしていた。

泥人形は若い男を模して造られていた。茶髪のかつらを被せられた頭部には本物の人間と見間違えるような整った顔が造形されており、眠るように目が閉じられていた。

本物の人ではないのか、マキタさんは恐る恐る手を泥人形の胸に当ててみた。すると、ひんやりとした泥の感触があった。

ぐちゃりと湿った音がした。マキタさんの手を泥人形が掴んでいた。

泥人形の目が開いていた。泥の中にはめ込まれたかのように、血走った目がマキタさんを見つめていた。

「ううう……」声にならない唸《うな》りのようなものを泥人形が発した瞬間、マキタさんは叫んで逃げた。竹林の中を滅茶苦茶に走り、気が付くと家の玄関にいた。

それ以降、マキタさんは竹林に近寄っていない。

フェンス

大阪市にある北野病院に行った帰り、駅に向かう途中、扇町《おうぎまち》公園の脇を通って行くと、高速道路の入り口の脇にフェンスで囲まれた敷地があることに気が付いた。

中に何があるのかな？　とのぞき込んでみると、神社らしき建物と石碑が目に入った。

神社ならお参り出来るかなとフェンスの周りをぐるりと歩き回ってみたが、入れる場所がなかった。扉はあったが、チェーンと南京錠で閉じられている。

公園にある神社が何故高いフェンスで囲まれているのだろう。

不思議に思ったので調べてみると、この神社は「綱敷《つなしき》天神」の氏地として管理されていることが分かった。綱敷天神に行くと由来書には「現在は参拝する事はできない」という旨とフェンスで囲まれた神社の由来が記載されていたが、何故参拝出来ないのかは書かれておらず、役場に問い合わせても理由はハッキリしなかった。

この近くの郷土資料に詳しい人なら知っているかもと思って、近くで民話を集めていたFさんに聞いてみたところ、その神社には男女に纏《まつ》わる悲恋の伝説があることが分かった。

内容は、綱敷天神の由来書きとほぼ同じで、大まかに要約するとこんな話だった。

それは徳川将軍秀忠《ひでただ》の時代に、堀川の渡し守の息子、与八と、浪速屋にお糸という娘がおり、二人は恋仲であったのだが、十三郎という男が、お糸に叶わぬ思いを募らせていた。

お糸や与八の顔を通りで見かけるだけで、身をかきむしりたくなるほどの辛さや思いを味わい続けた十三郎は、ある日、当時人通りの少ない仕置き場であった現在の扇町公園の場所で二人を目にすると、気が付いたら匕首《あいくち》を抜いて斬りつけてしまっていた。

その結果、与八は即死、お糸も重傷を負ってしまった。

十三郎は、お糸たちの悲鳴を聞きつけた人たちに直ぐ捕らえられた。その後、お糸は傷は癒えたのだが恋人を亡くした悲しさから、与八のあとを追って、胸を突いて自害してしまった。

お糸は、死ぬ間際に自身の血に濡れた刃物を手に強く握ったまま「悪霊となっていつの世までも呪ってやりたい……」と言い残して死んだという。

それ以来、この辺りでは恋仲の二人が通ると呪いや祟りがあると言われているらしい。

お糸の祟りかどうかは分からないが、この参拝出来ない奇妙な神社の周りは心霊現象の噂が絶えず、高速道路の入り口ということもあるだろうか、交通事故も多いようだ。

実査、先日も通りがかった時に、前半分が丸めた紙のようにぐちゃぐちゃに潰れたワゴンカーがフェンスの脇に停まっていた。

マゾムヌ

沖さんが宮古島のサトウキビ農家で収穫をしていたときにこんな体験をした。

もっとも直射日光の強い昼間の二時ごろ。畑と畑の間の真っ白な農道に、黒い服を着た喪服の一団が現れて、ゆっくりこちらへ向かって来る。先頭のものはモノクロのオジイの遺影を大事そうに抱えている。

沖さんが道を譲ろうと畑に引っ込むと、その横を通りながら、喪服の一団はゆっくりと虚空に消えてしまった。

あとでサトウキビ畑の持ち主にそのことを話すと、相手はこんなことを言った。

「今年は早いな。あんた見たのか」

「あれって一体……」

「マゾムヌ」

断定するような確固たる口調だった。

それは宮古島の方言でマジムン、つまり妖怪という意味だった。

昔、集落で亡くなったカンカカリャ（神がかり＝シャーマン）の葬式らしいというが、他にも沢山《たくさん》のものがそれを目にしているという。

痩せる

数年前、A氏はダイエットのためにジョギングを始めた。

一月《ひとつき》もしないうちにみるみる痩せる彼を見て、職場の同僚が一緒に走りたいと言う。その申し出を受け、日が暮れてから一緒にジョギングを始めたのだが、気が付くとA氏は救急車に乗せられていた。一緒にいた同僚によれば、軽快に走っていたA氏は、突然足を止め、何事かをモゴモゴと呟きながら、電柱に向け頭を下げ始めたらしい。不審に思って声をかけるも反応せずペコペコし続けるため、救急車を呼ばれるに至ったとのこと。

もちろんA氏には自分がそんなことをしていた記憶はまったくない。

搬送先の病院で頭の検査も受けたが異常はみつからなかった。

「今思えば、いくらなんでも痩せすぎだった、数週間で十キロ以上落ちたもん」

彼が頭を下げていた電柱は死亡事故現場の近くにあり、その時も生花や飲み物が供えられていたという。

「異常な痩せ具合だったことを考えれば、何か妙な原因があったんだろうな」

それ以来、ジョギングのコースを変えたところ、痩せるペースは一気に落ちたそうだ。

不安

　大学生のF美さんがドラッグストアのトイレに入ったとき、スマートフォンに電話が掛かってきた。誰だろうとバッグから取り出すと「非通知設定」とある。普段から知らない番号には出ないようにしているので無視することにした。

　すると、トイレのドアがバンバンバンバンバンッ、と激しい勢いで叩かれる。トイレが使用中なのは外のドアノブを見れば一目瞭然なのに、なぜあんなふうに急《せ》かすのだろうと腹がたった。しかし、よほど催しているのかもしれない。

　手を洗う間もドアを叩く音や電話は鳴り止まない。いいかげんにしてよと思うが、と同時に、なにか得体の知れない不安な気持ちに襲われた。

「手もろくに拭かず急いで出たんです。でも――」

　ドアの外には誰もいなかった。

　出る直前まで叩かれていたのだから、すぐ扉から離れたとしても後ろ姿ぐらいは見られたはずだった。彼女が一歩トイレから足を踏み出したとたん、あれだけ続いていた電話も鳴り止んだ。

「怖いっていうんじゃないですけど、あんなに不安な気持ちになったことはありません」

店の近くに長く住んでいる友人にそのことを話すと、過去にそこのトイレで死亡した乳児が流される事件があり、それを知っている者はどんなに催していても絶対に利用しないというのだった。

ぼんやり

森下氏が自宅とは別に、仕事用に借りている部屋がある。

仕事用といっても部屋の大半を占めるのはフィギュアであり、本当のところはコレクションを保管するための倉庫代わりに借りた部屋である。所せましと陳列された自慢のフィギュアたちを眺めながらの一服は格別なのだそうだ。

この森下氏の楽園に、ある頃から〝それ〟が現れるようになった。

遅い時間まで仕事をしていると、視界の端でなにかが動くことがある。すばやく移動する人のように見えるが、よくはわからない。目で追っても間に合わないのである。

怖いという感情はなく、それが錯覚か超常的なものかは半々くらいの心持ちであった。

このことを知人に話すと、正体はフィギュアではないかという。

「人形は基本、人の形だろ。そういう物には魂が入りやすいんだってさ」

どこかで聞いたような話である。真面目に聞くだけ馬鹿らしかった。

部屋で見るものは、フィギュアとはまるでサイズが違う。人ほどの大きさがあった。

ぜひとも〝それ〟を見てみたいというので、知人を仕事部屋に一泊させることにした。

そうタイミングよく現れるわけがないし、疲れ目の見せた錯覚かもしれない。付き合ってはいられないので森下氏は知人を仕事部屋に一人置いて、午後九時前に自宅に帰った。

風呂から出て携帯電話を見ると、知人から何件も着信が入っている。

まさかと思いながらかけるとワンコールもせずに知人は出て、「見たよ」といった。

一瞬だが、人のようなものを見たのだという。

ただ、知人はこの報告をするために何度も森下氏に電話をかけたわけではなかった。

はじめは、森下氏の悪戯《いたずら》だと思っていたらしい。

自分を脅かそうとこっそり部屋に戻ってきて、どこかに隠れているのだろうと疑い、森下氏の携帯電話に何度もかけて着メロやバイブ音をうかがっていたのだという。

「でもそっか、あれは本物だったたか」

もう今夜は帰るよといって、知人は通話を切った。

翌日、仕事部屋へ行くと、ひどい有様だった。

飾っていたフィギュアの半数以上が破壊されて床に散らばっており、そうでないものはゴミ箱に突っ込まれていた。

すぐに怒りの連絡を知人に入れたが、「俺がやったけど俺のせいじゃない」「気がついたらそうなっていた」とぼんやりとした受け答えをするばかりで話にならず、以来、その知人とは一度も会っていないという。

とりかえっこ

早苗さんがベランダで洗濯物を取り込んでいると、庭から〈にゃあにゃあ〉と猫の鳴き声がした。

「一つは本物の猫の声だったけど、もう一つはつたない鳴き真似。うちの子の声だった」

幼い息子が、庭に入り込んだノラ猫をかまっているのだろう。

早苗さんは猫が嫌いではないが、とくに好きでもなかった。

「私は動物に興味がなくて、息子の情操教育にはいいと思ってるけど、それより猫のダニとかノミが伝染しないか気になる性格だから。猫とあまり密に遊ばないようにって注意しに行ったの」

ノラ猫はバッチいからさわっちゃだめよ……と言おうとして、庭に出た早苗さんは息をのんだ。

庭には二体の生き物がいた。

息子の体に猫の頭の生き物と、猫の体に息子の顔がついている生き物。

ひーっ、と早苗さんが悲鳴を上げるなり二体はあるべき姿に戻った。

「ノラ猫をどやしつけようと思ったけど、すばしっこくて逃げてしまって」

何してたの⁉　と詰問すると、早苗さんの息子はもじもじしながらこう言った。

「ねこちゃんと、とりかえっこしてたー」

〈もう二度とやっちゃだめ〉と念を押したが、子供のことゆえいつまた取り換えてしまうかと思うと、気が気ではないと早苗さんは語った。

新鮮

政義さんは上京して最初に住んだ部屋に頭の割れた女の幽霊が出た。

その後も六回引っ越したどの部屋にも老若男女さまざまな幽霊が出たが、「東京のアパートやマンションはどこも似たようなものなんだな」と思い込んでしまって、最近までおかしいと感じなかったらしい。

「そういうこと指摘してくれる人が誰もいなかったんですよね、ぼく東京来てから十五年間ずっと友達も恋人もいないし」

とは政義さんの弁。

去年から住み始めたマンションは初めて幽霊の出ない部屋で「すごく新鮮」とのことだ。

長柄橋

淀川区と北区を流れる淀川にかかる長柄《ながら》橋という橋がある。

この橋には人柱が埋まっているという。実際に長柄橋の人柱となった「巌氏碑」が、大阪市淀川区東三国にある「大願寺」の北側の境内地に立っている。

長柄橋は見通しもよく、特に変わった箇所もないのになぜか事故が多い。しかも車が橋の欄干《らんかん》に衝突する事故が多いそうだ。実際に橋で事故を起こした運転手が、橋を通過する時になぜかハンドルを持っていかれてぶつかってしまった。体が橋の上で急にこわばって、気が付いたら欄干に追突してしまっていたという。

長柄橋は橋の上でも下でも過去に大勢の人が亡くなった場所だ。

昭和二十年六月七日の大空襲の時に爆撃から逃れて来た大勢の人がこの橋の下に避難した。ところがこの橋に爆弾が落ち、下流側半幅が落橋。そこへ機銃掃射があり、約五百名近くの人たちが亡くなり橋脚に弾痕が残ることになった。

橋の傍には犠牲者の追悼碑と仏像が建っているが、その仏像の顔は溶けたように判別が難しくなっている。夏になると、握りこぶし大の火の玉を、橋の欄干の近くで見ますよと、大空襲でご家族を亡くされた遺族の方から聞いた。

エネルギー供給

医者の速水さんは霊障に悩まされていた。

速水さんは医師という仕事柄、患者の最期を看取《みと》ることも多い。

夜中に金縛りで目を覚ますとお腹の上に看取った患者が乗っていた。患者が速水さんの名を呼ぶと、首を絞められたように息苦しくなり、意識が遠のいていった。気が付くと朝になっていたという。

怪異は続き、悩んだ速水さんは友人の医者から頼れる人を紹介してもらった。

Nという女性の方だったという。彼女はいわゆる『視える人』だ。速水さんは半信半疑でNと会い、彼女と話をした。

「最初はおばあさんね。鼻に差したチューブが痛くて眠れなかったことを根に持っているわ。次は若い人みたいね。この人はもっと生きたかったと言っているわ」

Nが話す霊の特徴は、速水さんが看取った患者のものと一致していた。患者たちは死んだ後も速水さんの近くにいて、それが時折悪さをしているのだという。

「本来は貴方の背後霊がこういったものを遠ざけるのだけどね」

速水さんの背後霊はかなり力が弱っているそうで、これを回復しないといけない。

方法はあるのですかと速水さんが聞くと、Nは真面目な顔で言った。

「背後霊が好きなものを食べることよ。お供えといってもいいわ。ちゃんと手を合わせて意識を集中して、食べるの」

Nと会った帰り道、速水さんは蕎麦屋に立ち寄り、天ざる蕎麦を注文した。

「Nが言うに、私の背後霊は天麩羅《てんぷら》が好物らしいのです。私は揚げ物全般が苦手でして」

天麩羅なんてもう何年も食べていなかった。正直、気が進まなかったが、皿に乗った揚げたての天麩羅の匂いを嗅ぐと、不思議と食欲が沸いた。手を合わせ、ゆっくりと味わいながら海老天を食べていると、背中がぽうぽうと暖かくなっていった。

速水さんは天麩羅を追加でもう一皿注文した。

「それからしばらくは霊障が起きることがありませんでした。ですが……」

一ヶ月ほどすると速水さんは再び霊障に悩まされることになった。Nさんに再び相談すると以前と同じく、背後霊の力が弱っていると言われた。

「定期的に天麩羅を食べる必要があるようでして、今は二週間に一度のペースで食べていますよ。胃もたれするので、大変ですがね」

速水さんは胃腸薬を飲みながら、今でも天麩羅を食べている。

土下座

北国に住むNさんから聞いた話になる。

Nさんのお父さんが、春先に山に山菜採りに行ったところ、ロープを木の枝に結び付けて、これから自殺しようとしている老齢の男性に出会ってしまった。

Nさんのお父さんは「あなたね、ちょっと手を止めて下さい。私でよかったら話を聞きますよ。それと、ここは虫も多いし熊も出ます。熊が出てあなたの遺体を食べたら、人間の味を知った熊が他の人を襲うかもしれない。人を襲った熊は撃たれます。するとどうですか。あなた一人の命で、熊や大勢の人が迷惑するかも知れないです。ちょっとここは落ち着いて、僕と麓のコンビニに行って、アイスクリームでも食べませんか?」というようなことを言って自殺を思いとどまらせたらしい。

Nさんのお父さんと自殺を思いとどまった男性は、セイコーマートの駐車場でアイスクリームを食べた。

幾つか言葉を交わし、Nさんのお父さんと別れ際に相手の男性は「ありがとうございます。おかげで明日から頑張れそうです」と伝えて去って行ったらしい。

その夜、Nさんのお父さんは夜更けに、Nさんの悲鳴で目を覚ました。

「どうした？　強盗か？」と目を覚ましたお父さんに聞かれて、Nさんは「さっき、体が透けた知らない男が親父の枕元で土下座していた」と告げた。

「その男、どんな姿だった？」

「消えたし、びっくりしたから覚えてない。ただ手がしわくちゃだったから年寄りだと思う」

「そうか……」

Nさんの言葉を聞いて、お父さんは昼間見た男性が、結局自殺してしまったために謝りに来たと思ったらしい。

タマムシ

　貴子さんの実家には祖母が大切にしていた、長方形の手のひらに乗るくらいの木製の小箱がある。一度祖母に、中を開けて見せてもらったことがある。

　そこには薄いパラフィン紙に包まれた、きらきら光る七色のタマムシが入っていた。

「綺麗でしょう。これはね、戦後に疎開先から戻ってくる時に、私のお母さんが捕まえてくれて、それ以来お守りになっているのよ」

　貴子さんはあまりの美しさに見とれてしまい、事あるごとに何度も祖母に見せてもらったという。それから貴子さんが大学進学したある初夏に、祖母は急に倒れて天に召された。

　貴子さんは久しぶりに実家を訪れた。

　家族と一緒に祖母の遺品を片付けていると、件の小箱が出てきた。ああ、タマムシだ。懐かしいなと思い、貴子さんが手に取ると、中からカサコソと乾いた音が聞こえてくる。なんだろうと中をあけて見ると、切断されて干からびた人間の人差し指が現れた。貴子さんは箱を放り投げて、金切り声で叫びながら母親を呼びに行った。

　あとで母親を連れて戻ってみると、人間の指ではなく、元の美しいタマムシに戻っていたが、なぜか一本の釘が真ん中にズブリと刺さっていた。

仏壇

五十年ほど前のことだという。

主婦のN子さんが当時住んでいた家の近所で火事があった。そこには高齢の女性がひとりで住んでいたが、台所で火に包まれて亡くなったというのだった。消防団が駆けつけるのが早く、燃えたのは台所と居間の半分ほどで済んだ。

親族がいないとのことで弔いは隣組で出すことになったが、そのとき公民館はちょうど建築中で集まるところがない。燃えた家は比較的大きかったので、仕方なくそこの無事だった仏間で執り行うことになった。

隣近所の者たちが喪服を着て集まったが、仏間に全員入るとさすがに手狭になった。仏壇をずらせばもう少し入りそうだというので、男衆の何人かで動かすことにした。しかしそれがちっとも動かない。他の者たちも手伝ったが、びくともしないので、仕方なく諦めてそのまま葬式をあげることになった。

無事にそれが終わると、今度は女衆が精進落としの準備を始めたが、遅れてきた年輩の腰の曲がった女性が「お仏壇はここじゃないほうがいいわね」といって、ひとりで持ち上げて位置を変えたそうである。

忠犬

「犬なんだよな、変な声でね、ウワーンウワーンって。夜な夜なそんな鳴き声が止まないもんだから、近所迷惑だよななあと」

訴えるY氏に、家族は「そんな鳴き声聞こえないよ」と不審な目を向けた。

「そんなわけないだろうと、どう考えても妙な犬の鳴き声がするよって言ったんだけど」

確かに考えてみれば、近所にそんな大声で鳴くような犬はいない。

「それで、犬の鳴き声が聞こえて来た夜中に、一人で見回ってみたんだわ」

声のする方を辿ると、そう遠くない家の庭先に行きついた。

「確かに以前、その家では大きな犬を飼っていたんだ、もう死んでしまって数年経つけどな、随分賢い犬で、俺も撫でたことがあってね」

庭先に置かれた大きな犬用ケージだけが、在りし日を偲ばせていた。

そして鳴き声は、どうもその空っぽのケージから響いてくる。

「ええ？　って、さすがに自分の頭を疑ったよ」

首を捻《ひね》りながら帰宅したY氏に、家族は不審を通り越した心配の顔を向けた。

それから数日後。

「酷い声で鳴いててさ、狂ったように、何度も何度も」

もう死んだ犬の鳴き声だとわかっていながら、Y氏は家を飛び出した。

妙な胸騒ぎを感じたのだった。

「それで、俺が着いた時にはもう煙があがっていて」

ボヤの段階でY氏が通報したため、大火にはならず住人である老夫婦も無事だった。

「子供のいない家でね、犬を実の息子のようにかわいがっていたから、ケージも捨てるに捨てられなかったんだと言ってたよ」

後日、ことのあらましを伝えたY氏に対し、犬の飼い主だった老夫婦はそう語った。

「いやしかし、どうして俺にしか聞こえなかったんだろ、それが最大の不思議」

それ以来、犬の鳴き声は聞こえなくなった。

家族がこっそり手配していたY氏の認知症外来の予約も取り消された。

ママごめんなさい

「ママ、ごめんなさい」

二階のベランダで洗濯物を取り込んでいると六歳の息子が謝りにきた。シャツもズボンも滴《したた》るほどびしょ濡れで、びっくりした桃花さんが「どうしたの」と聞くと、友達と水遊びをしていたらこうなったという。

「なんで濡れたまま上がってきちゃったの。玄関から呼んでくれたらいいのに」

取り込んだばかりのタオルで息子を拭いて、息子が歩いてきた廊下を拭こうとした——が、まったく濡れていない。これだけぽたぽたと垂らしているのに、濡れているのは息子の足元だけであった。

「ごめんなさい」

「昨日もお洋服にペンで書いちゃって、ごめんなさいしたばかりじゃない」

「ごめんなさい。ママ、ごめんなさい」

「なんでもごめんなさいをすればいいってわけじゃないんだからね」

ごめんなさい、ママ、ごめんなさい。ごめんなさい、ママごめんなさい。ごめんなさい、ママ——。

息子の謝り方は、音声をリピート再生しているみたいで奇妙だった。

一階の脱衣所へ連れて行く。濡れた服は脱いで洗濯機に入れておくように伝えると、桃花さんは着替えを部屋に取りにいった。

着替えを持って脱衣所に戻る途中、「ただいま」と息子が帰ってきた。

「え？　なんで？」

桃花さんは混乱する。

「なんで？　そこでなにしてるの？」

桃花さんに聞かれ、息子は玄関できょとんとした顔をしている。

多少の泥汚れはあったが服は濡れていなかった。

脱衣所で待たせている息子が今帰ってくる理由がわからない。

夢でも見ていたのかと脱衣所へ行くと濡れた息子は当然いるはずもなく——ただ、床はわずかにだが濡れていた。

目蓋の妻

長患いの末に亡くなった妻の葬式を済ませた夜、正三さんが寝苦しさに目を覚ますと体が動かせなくなっていた。

金縛りの際、唯一自由になるはずの両眼がよりによって何かに圧迫されている。

何とかほどこうと動けぬ体でもがいていると、目蓋《まぶた》の上に乗っていた何かがひょいと枕元に下りた。

目を開けてみれば、そこにいたのは亡き妻。ただし、背丈はリカちゃん人形ほどのサイズの妻だった。

その日を皮切りに、正三さんは毎夜亡妻のようなモノに訪《おとな》われ続けた。

夜中にふと目を覚ますと人形サイズの妻が目蓋に乗るところであったり、目の圧迫感に眠りから覚めると人形サイズの妻が目蓋から下りるところであったりした。

怒りでも悲しみでも、何か感情を浮かべてくれていたらまだましなのだが、小さな妻は感情の死に絶えたような顔で、ただ夫の目蓋の上に立つのみであった。

不倫をしたこともない、借金をしたこともない。病床の妻の介護も、人並みにはやってきたつもりだ。

なのに、何の恨みがあるというのか、亡妻は無表情で夫の目蓋に毎夜立ち続ける。

誰にも相談できず、もう気が狂ってしまうと思った日に、ぴたりと亡妻は現れなくなった。

数えてみるとその日は、ちょうど妻の四十九日であった。

「何か言いたいことがあるなら言ってくれりゃいいのに、あれとは会話も成立しなかった。あれは妻ではなく、妻の姿に似た化け物じゃないかと疑ってもいたんだが」

妻の四十九日から来訪しなくなったのだから、あれは妻由来の何かだったと思わざるを得ないと正三さんは言う。

「人には魂があって、生と死は体があるかないかだけの地続きのような気がしていたが、死後にはまったく違う何かになってしまうのかもしれんなあ。わからんから死は恐ろしい」

死ぬのが少し怖くなったよ、と正三さんは力なく微笑んでいた。

砂遊び

上田さんには五歳になる娘さんがいる。名を真菜ちゃんという。

真菜ちゃんは戸外で遊ぶのが大好きで、近所の公園がお気に入りの場所であった。歩いて五分もかからないため、時間があれば一人でも出かけるほどだ。

その日も真菜ちゃんは公園に出かけていった。

少し遅れて家を出た上田さんも、公園に到着した。真菜ちゃんは砂場にしゃがみこんでいる。

一生懸命に何かを作っており、上田さんが近づいても振り向こうとしない。

背後から覗き込んだ上田さんは、思わず声を漏らした。真菜ちゃんが作っていたのは小さな墓石であった。

かなり精巧に作られており、驚くべきことに名前も彫り込まれてある。

どうやったのか訊こうとした時、犬を連れた人が公園に入ってきた。その途端、墓は一気に崩れた。

どう見ても、そのような物が作れるような砂ではなかったという。

清掃中

則哉さんが上京して就職した会社は都心の古いビルの中にオフィスがあった。

トイレは他のテナントと共用なのだが、ドアに清掃中の札を掲げていることがやけに多く、その間は使用できないので下の階のトイレを使う。

ある日則哉さんはどうしても我慢できず清掃中のトイレに飛び込んだところ、中には誰もいなかったのでそのまま小便器で用を足した。

手を洗って外に出ようとしたとき背後で咳払いが聞こえた。驚いて振り返ると、個室の水洗タンクの脇から、詰襟の学生服を着た男の子が胸の辺りまで生えていた。

外へ転がり出た則哉さんは、廊下にいた清掃員の女性にたった今見たものを訴えた。すると女性は落ち着いた様子で中を確認に行き、首を横に振りながら出てきた。

「古いビルですからね、いろいろあるんですよ」

慰めるようにそう言って笑ったという。

ゴミ袋

ゴミ収集車のドライバーをしている笹山さんが担当地域の収集が終わりに、一息ついていると、上司が困り顔で声をかけてきた。

笹山さんの担当地域の住人から、ゴミ袋が残っていると電話があったのだという。

笹山さんは軽トラックに乗ると一人だけで再回収に向かった。

収集所は住宅街の一角にある。到着した笹山さんが確認すると、黒いゴミ袋が一つ無造作に置かれている。行政の決まりで、中身の見えない黒色のゴミ袋は回収できない。

溜息を吐くと笹山さんはしゃがみ込み、『回収できません』と印字されたシールを黒いゴミ袋に貼り付けようとした。

「ねぇ、誰かいるの?」

幼い女の子の声がゴミ袋から聞こえた。同時に黒いゴミ袋が音を立てて大きく動いた。

何か小さな生き物が中で暴れているようだった。

「暗い! 暗いよ!」

金切り声がした。笹山さんは大慌てで黒いゴミ袋の口を開いた。すると、中に入っていたものが溢れ出した。

それはカラフルな大量の紙だった。子供の落書きのようなものが書き込まれたもの、赤色や紫色だけで塗りつぶされたもの。そしてゴミ袋を逆さにして振ると、ほつれたタオルケットや短くなったクレヨン、使い古されたぬいぐるみといった物も出てきたが、それ以上は何もない。

声を出すようなものは何も入っていなかったのだ。

「おい！　何をしてる！」

怒声が響き、振り向くと、そこには金属バットを持った中年の男が立っていた。男は血走った目で笹山さんを見ており、金属バットをゴミ袋に差し向けると、「早く片付けろ」とヒステリックに叫んだ。

ただならぬ様子に身の危険を感じた笹山さんは、散らばったゴミを手早く袋に詰めた。男は駆け足でこちらに向かって来ると、笹山さんが手に持っていた黒いゴミ袋をひったくり、背を向けると数軒先の家に入っていった。

収集所の地面に、写真が一枚残っていた。笹山さんが拾い上げると、それは父親と母親らしき人物が女の子を囲んで写っているというものだった。

その写真に写る全員の顔が、黒いクレヨンで塗りつぶされていた。

翌日の朝刊で笹山さんは収集所近くの家で無理心中があったことを知った。

タンデム

渉さんが彼女とバイクで高速道路をタンデム走行していたときのこと。

ずん、と座席後方に重量を感じるやいなや、彼女が渉さんの目を隠してきた。

フルフェイスのヘルメット、そのシールド部分を両手で覆われているため、前方がまったく見えない。

「おいやめろよ！　ふざけんな危ないだろ！」

渉さんが怒鳴《どな》っても、彼女は目隠しをやめない。

それどころか、〈きゃーっはっはっは！〉などと嬌声《きょうせい》を上げる始末だ。

そのとき、渉さんは気づいてしまった。

彼女の両手は自分の腹の前にまわされているのに、ヘルメットを目隠ししているのは誰なのか？

「やめろ!!」

渉さんが本気で怒声を放つと、後方の重みはスッと消えた。

彼女が落ちたのかと一瞬肝《きも》を冷やしたが、腹にまわされた両手と、背中に密着する体温に安堵した。

その後、最寄《もよ》りのサービスエリアに入り、ようやく停車すると彼女がバイクの後部から崩れ落ちるように倒れた。

幸いヘルメットを装着していたので怪我はなかったが、尋ねると、彼女には高速道路に入ってからの記憶がないという。

料金所を通ってからすぐ、サービスエリアに瞬間移動したかのようで、走行時に渉さんと彼女の間にいて、目隠ししていたモノが何だったのかはわからないということだった。

沢蟹

泰香さんは子供の頃、夏休みのうち半分くらいを山間にある別荘で家族と過ごしていた。

近くに小川があって、弟と遊びに行くとよく沢蟹《さわがに》を見かけた。泰香さんは蟹が苦手なので近づかないが、弟は時々捕まえて別荘に持ち帰っていたようだ。

あるとき、水槽に飼っている蟹がいなくなったと弟が騒ぎ出した。逃げたんでしょ、と母親は言ったが、蓋はきちんと閉まっていたと弟が反論する。逃げたのなら家の中に蟹がいることになるから、泰香さんはぞっとして弟に「ちゃんと全部捕まえて！」と釘を刺したという。

弟は「逃げられるはずないのに……」とぶつぶつ言いながら別荘の中や庭を捜していたが、やがて叫び声がしたので何事かと見にいくと、外で弟が見知らぬ女の人に抱きすくめられて必死にもがいていた。

女の人は泰香さんを見るとにやっと歯をむき出して笑って、その場で消えてしまった。

自由の身になった弟は腰が抜けたように這って家の中に入ると、

「庭で蟹を見つけたから捕まえようとしたら、蟹が女の人に化けてしまって逆にぼくが捕まった」

そう主張したのだが、両親は当然のようにまったく信じていないようだった。

だが女の人が目の前で掻き消えるのを見てしまった泰香さんは弟の話を信じるほかなかった。

「あの女の人はたぶん〈沢蟹の精〉だったのではないか？」

泰香さんは弟とともにそう推測し合ったという話である。

ナイター中継

加藤さんが入院していた病室には徳永というお爺さんがいた。

徳永は心臓が悪く長期入院しているそうで、ラジオで野球のナイター中継を聞くのが趣味だった。ベッドが隣ということもあり、加藤さんと徳永はよく話をした。

ある夜のことだ。同じ病室の若い男が、加藤さんと徳永にナイターゲームの試合結果で賭けをしようと持ちかけた。当時は携帯電話や携帯ゲーム機といった物が無い時代で、入院中の患者は暇を持て余していた。野球に詳しくない加藤さんは賭けの胴元役を任され賭けが始まると、病室にいる他の患者たちも興味本位で顔を出し、参加する人数も増えた。

徳永のラジオは病室の中央に置かれ、ナイターゲームの実況は病室全体に聞こえるようになった。金がかかっていると応援も白熱し、普段は静かな病室が活気立ったという。

この野球賭博は病室の密かな名物になり、時折開催されることになった。他の病室からも参加する入院患者が現れ、規模は大きくなっていった。

その中で徳永は負け知らずであった。どんな試合でも勝負の行方を的中させる彼に感心し、何かコツでもあるのかと、加藤さんは聞いた。

すると徳永は、頭の中に試合の内容が浮かんでくるのだと言う。徳永は紙に今夜のナイターゲームの内容を書くと、加藤さんに渡した。

ナイターゲームは徳永が予想した通りの内容になった。試合結果だけではなく、どの選手が何回でヒットを打つ、二塁打になる、といった事細かな内容までもが当たっていた。

そんなある夜。

その日も徳永は加藤さんに予想を言って聞かせていた。しかし六回表の試合内容を話しているところから急に言葉に詰まりだし、六回裏については難しい顔をして押し黙ってしまった。

どうしたんだいと加藤さんが聞くと、徳永は「続きが浮かばない」と呟いた。それきり一言も話さなくなってしまった。

ナイター中継は始まり、六回表まで徳永の予想したとおりに試合は進んだ。そして、六回裏が始まったと同時に、椅子に座った徳永は床に倒れこんだ。医者と看護師が駆け付け、緊急治療を施したが、それきりだった。

心筋梗塞だったという。

徳永が試合予想をできなかったのは、六回表より先は生きていられなかったからなのかと、加藤さんは呟いた。

柿の実年貢

丹波篠山《たんばささやま》市に住むSさんから聞いた話だ。

Sさんの住む町では、柿の実は切ってすぐに食べないと叱られてしまうという。

何故なら、そのままにしておくと柿の実が血のような味に変わってしまったり、実から赤黒い血のような汁が滴りだすという伝承があるからだという。

その理由というのが、元和七年の出来事だという。

元和七年というと、江戸幕府が開かれて二十年程経った頃になる。

その年は篠山の東部で日照りが続き、大旱魃《かんばつ》が起こって田んぼに引く水もなく、乾き死ぬ農民が多く出た。口の中に入れられる物なら何でもと、干からびた大地にまばらに生えた雑草を食《は》みながら生き永らえた。農民たちは秋を迎え、わずかな果樹についた実に渇きを癒そうと集っていると、役人が来て、本年は大変な作物不作のため、柿の果実も年貢として差し出すようにとお触れが出た。このままでは冬を越せず、村の存亡にかかわると思った農民九名が、京都所司代への越訴を決意し、その結果訴えは受け入れられた。だが、責任者九名は八上城のふもとにおいて磔刑《たっけい》に処せられてしまった。

それ以来、柿の実をすぐに食べないと実から血のような汁が出たり、味が変わるということがあるようになったそうだ。

Sさんは嘘だと言って柿の実をそのままにしておいて、後でこっそりと隠れて食べたら本当に血のような味がしたそうだ。

バス停

昔、沖縄南部の山の中に墓場へと通じる一本の道があった。そこになぜか錆《さ》び付いた昔のバス停の表示板が置かれていたという。根元が錆び付いたため廃棄されたものを、近所に住む物好きのオジイが珍しいからと拾ってきて置いたのである。最初は子どもたちがそこでバス停ごっこをして遊んだりしていたが、しばらくして大きな騒ぎになった。

理由は、夜になると死者がそこに沢山並んだからだという。

その山道の上には、いくつもの古い墓がある。行き場をなくした死者たちが、そこで自分の乗るバスを探していたのだろうと、集落の人は噂した。

ところがそのバス停が撤去されると聞き、それを拾ってきた張本人のオジイは大反対した。それは自分のものだから自分の庭に置くと、怒って持って帰ってしまった。

だがオジイは一週間後、それを那覇の屑鉄屋にさっさと売ってしまった。

「死んだ人だけなら、まだいいさ」とのちにオジイは集落の人に語った。「この前は死んだ人が一杯乗った焼け焦げたバスまで庭に来たのに、どうすればいいかわからないさ」

オジイの家の門扉には、それから何年もこんな貼り紙がしてあった。

「ここはバス停ではない！　死者よ恥を知れ！」と太い墨字で書かれていたという。

罰せられる

三十年ほど前、小学生だったN君は、中学生の悪い先輩二人と共謀して、近所の駄菓子屋の店先から、カプセルトイの小型自販機を丸々盗んだことがあるそうだ。

「年寄り婆さんが一人でやっている店だったから、案外簡単だった」

N君は玩具を、中学生は中にあった小銭をそれぞれ分け、ホクホク顔で家に帰ったのだが、何故か次の日には盗んだことがバレ、両親から大目玉をくらった。

聞けば、一緒に盗みを働いた中学生の一人が、その日の夜半過ぎに駄菓子屋に駆け込んで自分たちの盗みを自白したのだという。

「何があったのか半狂乱だったらしい、急に騒ぎ出した息子を不審に思った親が問いただしたら『今から謝りに行く』と言ってきかなかったとか」

そして、その後しばらくの間、互いの両親によって、N君ともう一人の中学生はその駄菓子屋の仏間で手を合わせることを強制された。

「ちょっと特殊な信仰をしている家だったようでね、祟られたくなければ拝みに来いってことで、うちの親も真面目な顔でそれを言うもんだから」

駄菓子屋に駆け込んだ先輩は、間もなく家族ごと引っ越してしまったという。

子を授かる

Cさんの近所のアパートに痴呆気味の高齢女性がひとりで住んでいたという。

周辺の者たちは皆なにかと気にかけていたが、ある日、女性は上半身裸のままアパートの外に出てきて、「子どもを授かった」といっている。

親戚の子どもでも預かったのではないかとCさんたちは考えたが、まさかあのひとに子守りを任せる者はいないだろうとの結論になった。

しかし、女性の隣室の若者いわく、たしかに夜になると赤ん坊のきゃっきゃっと喜ぶ声や泣き声が聞こえてくるという。

それは女性が赤ん坊の声色を真似ているのではないかと誰かがいったが、劇団に所属しているというその若者は、

「年老いたひとは子どもの真似なんてうまくできませんよ。ましてや赤ん坊なんて。多少上手かったとしても、それくらいの区別はつきます」

自信満々な表情でそう否定した。

以前はひとりごとを呟きながら女性は街なかをよくふらついていたが、子どもを授かったといった日からまったく外に姿を現さなくなった。

不審に思った近所の住人がアパートの大家とともに女性の部屋を訪ねてみると、布団のうえで真っ黒な顔になって亡くなっているのが発見された。

もちろん赤ん坊などどこにもいなかったそうだが、女性の奇行や赤ん坊の泣き声のことなど、しばらくその付近で話題になったそうである。

花一輪

登山道の脇に、見たことのない花が一輪咲いていた。

綺麗だから写真を撮ろうと、スマホを構えてしゃがみ込む。

カメラのボタンを押してはみたが、撮れた画像は花か何かもわからないくらいにぶれてしまった。

肉眼では、ゆらゆらそよ風で揺れている程度なのにどうしてこんなにぶれてしまうの？

スマホのカメラ設定が悪いのかと思い、いじっていると後ろに人が立つ気配があった。

振り返ると、上品な年の取り方をした老女が背後におり、親しげに話しかけてきた。

「ねえ、お花、摘まないの？　こんなに綺麗なのに」

美しい花を見つめながら「自然の植物には手を出さないポリシーなので」と答えると、老女はため息をついた。

「あっ、そう。摘んでくれたらあんたを取れたのに」

えっ、と振り向くと、一本道に老女の姿はなかった。

前を向くと、一輪の可憐な花が咲いていた場所は平坦な草原だったはずが、道が急に途切れて断崖絶壁になっていた。

修道女の道

幽霊と一言で片付けるには、あまりに奇妙な存在を紹介しよう。

一九七五年、ドイツの国境付近にあるハイウェイで、不気味な女の目撃が相次いだ。証言によれば、その女は（近くに教会の類など皆無であるにもかかわらず）修道女の格好をしているのだという。

不気味なのは姿形だけでは無い。

その女は道沿いに立ち、ヒッチハイクをしている。ところがドライバーがその女を乗せると、突然ラテン語で話し始めるのである。おまけにその会話の速度が異様に速い。聞き手が驚いている間にも話すスピードはどんどん速くなり、とうとう聴き取りが不可能なほどになるのだという。そして、修道女は突如として煙のように消えてしまうのだ。

これは単なる与太話では無いかもしれない……そう思わせる証拠がある。

一九七五年四月、この道路で事故を起こしたドライバーが「乗せていた修道女が突然消え、それに驚いて運転を誤った」と証言しているのだ。

このドライバー、事故を起こすまでこの噂を知らなかったそうだ。

いったいこの修道女は何者なのだろうか。

赤い牛の話

溺れる赤い牛を見ると水難に遭うらしい。

私の祖父は二度、水面をざぶざぶと前足でもがいて打つ、真っ赤な牛の姿を見たという。

そして祖父は二度、大きな洪水にあった。

一度目の水害は子供の時で、一家が寝静まった時に起こった。箪笥《たんす》が倒れて来たので弟を慌てて叩き起こして気がつけば、自分は真っ暗な川なのか何処なのかわからない濁流の中で揉まれていたそうだ。

そして物凄い音と共に小さな山が流れてきたので、肩の力の限り足掻くように水を分けてそこへ近寄ってよじ登るとガチャガチャと瓦の音がした。

流れてきた小山の正体はどこかの家の屋根だったのだ。

屋根に乗ったまま祖父は流されて朝になると、流れも穏やかになってきたので屋根から下りて水の中を泳いだり歩いたりした後、やっと陸地にたどり着くことが出来た。それからどうやって故郷まで歩いて帰ったのか祖父の記憶は曖昧だったが、帰ってから見た景色は未だに忘れることも色あせることも無く焼きついているという。

そこは正しく地獄に例えてもいいというような風景だった。

水に浮かんだ青白く膨《ふく》れた妊婦、泥の詰まった目と口を持つ子供が川べりに並べられている。

呆然とその光景を眺めていると次々と増える死体は山と積まれ、やがて火が放たれた。

それから数年経った時に祖父は親戚から、自分の曽祖父が水害にあって家族の唯一の生き残りであったことと、流れてきた屋根によじ登って助かったことを知った。

「うちの家はな、三代とあけず水害に遭うっていう言い伝えがあるんだ」

親戚はそう祖父に伝え、大変なことだったがもう遭うことは無いだろうと言ったらしい。

そして祖父は自分が水害の前に赤い牛を見たんだと伝えると、親類は皆顔を見合わせて急に黙り込んでしまったそうだ。

それから二度目の牛を見たのは戦後のことで、当時、川から数百メートル離れた場所に住居を構えていた祖父は不吉な思いがしたので旅行に出ることにした。

そして、旅先で水害に遭った。

連れ戻す

たけるさんの弟がある日、自殺してしまった。もとから鬱《うつ》病を発症しており、何日か前にもたけるさんのもとに「隣の部屋から祈祷師の女の声がして眠れない」というメールが頻繁に来ていた。

「じゃあ週末、様子を見に行くよ」とメールをしていたのだが、金曜日に弟はアパートの近くの公園で首を吊ってしまった。

その後、葬式も終わり、両親と共に弟が住んでいたアパートに遺品整理に向かった。すると弟が「祈祷師の女の声がする」と書いていた隣の部屋は、両方とも空き部屋だった。だが向かって左側の部屋には、鍵が掛かっていなかった。

母親と一緒におそるおそるドアを開けてみると、がらんとした部屋の畳の上に、なぜか紫色の座布団がひとつ置かれている。そしてベランダの窓のところに、古い緑色の落語家の着物のようなものがかけてあった。

二人が見ていると、着物が急にずり落ちて、畳の上にザーッと落ちた。たけるさんと母親は悲鳴を上げて弟の部屋に戻った。そして遺品整理中の父親と一緒に、再び隣の部屋に戻った。

すると、座布団も着物もそこにはなかった。中に入ってまで確認したが、それらしいものは見当たらない。

するとと母親は息子が自殺したショックなのか、「ここは事故物件に違いない」と言い出した。そして「このアパートは呪われている。不動産屋に怒鳴り込みに行ってやる」と言い出し、仕方なく家族三人で不動産屋に話を聞きに行くことになった。

しかし不動産屋に聞き取りした感じでは、その場所で自死または病死した人というのはどうやらゼロのようであった。

その代わり、こんな奇妙な話を聞いた。

たけるさんたちが座布団と着物を見た部屋というのは、若い落語家が住んでいたという。

しかし結局、彼は生まれ故郷の村へと連れ戻された。

理由は、彼の母親を生き神様として祀っている教団が、彼を跡継ぎとして引き戻したということ。その後どうなったかはわからない。たけるさんの弟が住んでいた部屋というのは、その教団のスパイが身分を隠して住んでいたらしいということもわかった。

「多分、それは弟の自殺とは何も関係のないことなんですが」とたけるさんは語る。

「でもあの場所には二度と戻りたくない。それだけです」

旧車

大雨の夜のことだ。木下さんは会社から自宅に帰るために自動車を運転していた。

前方の交差点が赤信号になったので、木下さんは車を停めた。

木下さんの前方には同じく信号待ちをする自動車が一台停止しており、その車が木下さんの目を引いた。セダンタイプの角張ったデザインに、丸いテールランプ、前方の車は旧車と呼ばれるもので五十年以上前に製造されたものだった。

珍しい車だ。今でもこんな車が走っているのか。物珍しさから木下さんは旧車に見入っていた。すると、旧車の後ろ窓にいた人影が動き、木下さんの車のほうに横顔を向けた。

白い顔をした、若い女だった。女は旧車の後部座席から木下さんを見つめていた。雨降りの夜ということで、辺りは暗かったが、旧車の車内から女の横顔だけがはっきりと見えた。

女の顔立ちは端正なもので、木下さんは思わず見とれてしまったという。

女を乗せた旧車のブレーキランプが消え、ゆっくりと車が進み始めた。

木下さんもブレーキから足を離し、車を交差点に向けて進めた。

旧車の後部座席で、女の横顔がこちらに笑いかけたように見えた。その時、木下さんの視界が大きく揺れた。全身が吹き飛びそうになるほどの衝撃が走り、木下さんの乗る自動車は路上をコマのように滑って中央分離帯に衝突した。

木下さんが意識を取り戻したのは、病院の処置室でのことだった。

調書を取りに来た警察官が言うには木下さんは交差点の信号が赤にもかかわらず車を前進させ、交差点内に侵入したのだという。

そこに青信号側の直進車が交差点を通過しようとして、木下さんの車の左側面に突っ込んだのだ。木下さんの車は左側面が大きく変形し、助手席は潰れていたと警察官は話した。

「運転席側にぶつかっていたら、あんた死んでたよ」

警察官に木下さんは信号待ちをしていた旧車のことを話した。事故は自分の注意不足が原因であったが、事の経緯を説明するには女を乗せた旧車のことを話す必要があった。それに信号無視をしたのはあの旧車も同じだった。

警察官に、何か証拠はありますかと聞かれ、木下さんの車にはドライブレコーダーが装着されており、事故の詳細を録画していたはずと警察に確認を取ると、ドライブレコーダーは損傷して車内に落ちていたが、録画データは再生可能な状態だった。

後日、木下さんはドライブレコーダーを警察から受け取り、映像を確認した。

映像には、交差点前で不自然に距離を開けて停車する木下さんの運転が車内から映し出されていただけで、女を乗せた旧車など、どこにも映ってはいなかった。

ドアロック

家で仕事をしていると玄関の扉が開く音がする。行ってみると知らない老婆が三和土《たたき》に立っていて、「○○さんの家はどこか」と尋ねてくる。知らない家なのでわからないと答えた。老婆は帰っていったが、以前、空き巣に入られたことがあったので、家にいるときもドアロックは二重に掛けていたはずだった。そんなことが半年間で三回もあったので、気持ちが悪くなり引っ越してしまったという。

煙草の煙

叔父が仏壇に向かって煙草の煙を吐くと、すうっと位牌《いはい》に煙が吸い込まれていく。

「兄貴の命日にだけな、ここで煙草を吸うとこうなるねん」

叔父は笑い、親類の子たちは手品を見るような気持ちだったのか、もう一回やってと何度も煙草の煙を吐きかけてと頼んでいた。

何度目かに吹きかけた煙は、位牌に吸い込まれず白い煙が赤茶に変わった。

叔父はそれを見て「なんか気持ち悪いから止めるわ」と言って煙草を携帯灰皿にしまった。

翌年、叔父は亡くなり、それはお兄さんが亡くなったのと同じ日のことだったらしい。

死因は火災による一酸化炭素中毒だったそうだ。

だしてくれ

南さんの家は、もともと父親が建てたもので、築四十年が経っていた。そこで今は使われていない仏間を含む畳の一階部分をリフォームして、フローリングにすることになった。

そんなある夜、家主の南さんはトイレに起きた時に、仏間から人の声を聞いた。

「だしてくれ」と言っている。小さな声だがはっきり聞こえる。

「だしてくれ」

それは仏間と通路を隔てた壁の中から聞こえてくる。そしてあることに気づいて、びっくりしてしまった。その声は、まるで亡くなった父の声そっくりだった。

そこでリフォームする際に最初にこの壁を壊して欲しいと業者にお願いした。

当日、業者の男性がハンマーで壁を壊すと、中から奇妙なものが現れた。

それは紫の風呂敷に包まれた、使い古しの麻雀パイのセットだった。箱の側面には、はっきりと父の名前が書いてあったのだが、その横に神社の御札が何枚も貼ってあった。

実は南さんの父親は、麻雀で多額の借金を作って、首を吊ってしまっていた。

縁起が悪いと、南さんはそれをゴミとして捨ててしまったが、なぜそんな場所に埋め込まれていたのか、またなぜ御札と共にあったのか、今もって誰にもわからない。

出血

警備会社の高橋氏に聞いた話。

今年二月の早朝、顧客から苦情が入った。

お宅の萩山さん、血塗《ちまみ》れなんだけど、あれはどういうことなの。

そう言われ、高橋氏は車を飛ばした。当日の交代勤務者の機転で、萩山は仮眠室で待機させられていた。

その姿に高橋氏は仰《の》け反《ぞ》って驚いた。顔面の血は拭いたようだが、青い制服は血だらけだ。

「わけ分からんですよ。血塗れとか何とか言われてもなぁ」

萩山にはまったく見えていないようだ。高橋氏がスマホで撮影すると、血まみれの制服が明瞭に写った。

その画像すら萩山には見えない。高橋氏が車で送る途中、萩山はぼそっと言った。

「先週、交通誘導やった時に目の前で若い女が轢かれた」

辺りに血しぶきが飛んだが、自分には一滴もかかっていない。ただ、被害者と目が合った。

考えられる原因はそれだけだが、事態の解決には役立たなかった。

その日以来、萩山はずっと自宅待機である。会社としては、辞めるのを待っているという。

お化け役

高校の文化祭でお化け屋敷を開催することになり、くじ引きで負けた男子がメインの幽霊役に決まった。

選ばれた男子はお化け役に乗り気ではなさそうだったが、蓋を開けてみれば、お化け屋敷は大盛況のうちに終わりを迎えた。

お化け屋敷に来た客たちは、口々にお化け役の男子をほめたたえた。

お化けの目が黄色く光って怖かったという意見が多かったので、級友が「お前カラコンしてたの?」と問うと、お化け役の子はコンタクトレンズなどしていないという。

また、お化け役は丸顔の子なのだが、お化け屋敷で幽霊を演じているときだけは、どういうわけか面長になっていた。

その後、お化け役の子は原因不明の眼病で休学し、そのまま卒業式にも来なかった。

一度クラス有志で見舞いに行ったのだが、家族に追い返されて会えなかったという。

卒業アルバムの集合写真に丸い別枠でその子の写真が掲載されているが、別の子と間違えたとしか思えない面長の人物が写っていて、その目は黄色味を帯びていたそうだ。

マー君のハサミ

「このハサミね、忘れた頃にどこからかフイっと出てくるんだよ」

って、言ってたんすわ、うちの姉。

「私の幼馴染《おさななじみ》でね、マー君っていう子が使っていたハサミなの」

俺が生まれる前の話なんで面識ないっすけど、初めての友達だったたって。

「うちに遊びに来た時に忘れていって、それが形見になっちゃった」

そのマー君は幼稚園の頃に亡くなってるんすよ、交通事故でね。

「引っ越しのたびについてきてね、持って来たつもりないんだけれど」

ちゃんと名前も書かれてましたよ、シールみたいのに。

「マー君、守ってくれてるのかなって、思っちゃうよねぇ」

姉もね、交通事故で亡くなりました、マー君、守ってたんじゃねえのかよと。

ええ、葬儀の時にも、棺にちゃっかり入ってましたよ。

思い出せ

秀島さんは仕事から帰るなり、妻や子に悲鳴を上げられた。
驚いて「なんだどうした」と聞くと、妻はこわごわと秀島さんの顔を指さし、
「パパこそどうしたの」
と声を震わせる。
靴を脱ぎ蹴って洗面所に飛び込んだ秀島さんは「おわっ」と声を上げた。
鏡の中に、黒と白のまだらな顔がある。
秀島さんの顔はヘドロの飛沫を浴びたように汚れていた。
しかも、異常な顔の白さである。
数十分前まで秀島さんは、同僚たちと数人で混雑した電車に乗っていた。
その時は何も顔にはついていなかったはずであるから、駅から家までのあいだについた
ということになるが――。
水溜まりを踏んだ覚えもないし、こんなに顔に浴びれば気づくはずだ。
ティッシュで拭い取って臭いを嗅いだが無臭である。
「なにか心当たりはないの？」

心当たり——といっていいものか。

職場を出て駅へ向かう途中、一緒に帰っていた同僚の一人が立ち止まり、このあたりで事故があったらしいよと言い出したのだ。

秀島さんや他の同僚は事故があったことを知らなかった。

言い出した同僚が「ほらそこ」と指さした路面が黒っぽくなっている。事故の被害者から流れ出した血液の跡らしいが、ただの汚れ染みにしか見えなかった——ということはあったと話すと、

「それだよ」

妻の口から太い声が発された。

誰の子

有紗さんには、九州にある祖父母の家でだけ顔を合わせる幼馴染《おさななじみ》の男子がいた。

彼女はその子のことを、いとこか何かの親戚だと思っていた。

「よく一緒に遊んだなあ。優しくて、男の子なのに全然乱暴なところがなくて。私の初恋だったと思う」

有紗さんの小学校卒業と同時に父親の北海道転勤が決まり、祖父母の家とは自然と疎遠になっていった。

中学生になった有紗さんは、二年ぶりに祖父母の家を再訪して幼馴染と再会した。彼は面影を残しつつも驚くほどの美少年に成長していて、有紗さんはどきっとした。

「あんなに遊んだのに、彼の名前を教えてもらっていなくて、だから〈久しぶり、あなた〉って声をかけたの」

柱の陰にたたずむ少年は有紗さんに微笑むと、静かに踵を返した。

「待って！　って、後を追ったら柱の裏は行き止まりで、壁があるだけだった」

それで初めて、有紗さんは彼が人間ではないかもしれないことに気付いたという。

その後、祖父母は相次いで亡くなり、家は空き家になった。宮大工の建てた良い家というので貸家にしたが、住人は長くても三年で出ていき、人の出入りが激しかったという。

短大を出た有紗さんは都会で働き始め、同じ会社に勤める青年と交際し、結婚を考えるようになった。同時期に、彼女の両親は空き家となっていた祖父母の家に住み始めた。

昨年のこと、有紗さんは結婚の報告と両親への紹介のため、彼氏を伴って帰省した。

その夜、有紗さんの両親は一階の寝室、彼と彼女は二階の客間で寝ることになった。

熟睡していた有紗さんは、体を愛おしげにまさぐる手によって起こされた。彼氏が求めているのだろうと思い、彼女は応じた。二人は灯りも点けずに暗闇で声を抑えて交わったが、客間のふすまを開ける音がした途端、男は彼女から体を離した。

廊下の窓から月明かりが客間に届き、開いたふすまから大あくびの彼氏が部屋に入ってくるのが見える。彼氏は一階にあるお手洗いに行っていたのだ。

「じゃあ今、私と愛し合っていた人は誰？」

幼馴染の男の子が成長し、青年になっていればそのようだろうという顔の男が彼女を見つめてニヤリと笑い、布団に溶け込むようにして消えた。

有紗さんは現在、妊娠八か月である。

赤い首輪

進学のために上京して間もないころ、高橋さんは大学に通う途中で不審者と遭遇した。不審者といっても、見た目は普通のおじさん。身なりも綺麗で穏やかな顔をしていて、道行く人を見てはにこにこと笑っていた。

電信柱の横に佇むおじさんは姿格好も街の景観に馴染んでいた。遠目には不審者とはわからないだろう。異質。穏やかではないのは、そのおじさんが手に握っているものだった。それは、犬の散歩に使う革製のリードだった。だらりと垂れ下がったリードの先には赤い首輪が付いていた。本来犬の首に装着されるはずの首輪には何も繋がれておらず、地面に落ちていた。

何も繋がれていないリードを時折引っ張り、おじさんはまるで犬が繋がれているような素振りをするのだという。

高橋さんはおじさんを一瞥すると、電信柱の横を速足で通り抜けた。おじさんは何をするわけでもなく、にこにこと笑っているだけだった。

それから週に一、二回ほどのペースでおじさんを見るようになった。いつも同じ場所で、相変わらず何も繋がれていないリードを握って立っている。不審者とはいえ、別段何かしてくるわけでもないので、高橋さんは自然とおじさんを気に掛けなくなっていった。

雨の降る朝のことだった。いつものように通学路を歩いていると、またあのおじさんがいた。その日は、いつもと様子が違った。

おじさんは犬のように地面に座り込んでいた。項垂れており、表情は見えなかったが、舌を出して荒い息使いをしているのはわかった。その首に赤い首輪が見えた。

高橋さんは立ち止まった。座り込んだおじさんが頭を上げて顔を向けた。

「ワンッ！」

おじさんは大きく口を開けて一声鳴いた。それは犬の鳴き声とそっくりだった。おじさんはそのまま大きく身を震わせ、両手両足を地面につけて走り出した。犬の四足歩行のようにしなやかで、信じられないほど速くおじさんは路地の先へ駆けて行き、そして車道に飛び出した。そこに偶然通りかかったタクシーがおじさんに迫った。

急ブレーキの音が響き、タクシーは止まった。高橋さんはタクシーに駆け寄ると、車内から出てきた運転手と顔を見合わせた。

「確かに今、いたよね……」

雨の路上におじさんの姿はなく、赤い首輪の付いたリードだけが残されていた。

一人かくれんぼ

怪談作家のＴさんは暇だったので、ふと思い立って押し入れを開けてＵＦＯキャッチャーで取ったぬいぐるみを取り出した。それを使って「一人かくれんぼ」をやるためだ。

一人かくれんぼとは、ぬいぐるみを風呂に漬けてから腹を裂いて中綿を抜き、中に自分の名前を書いた紙や髪の毛を入れて赤い糸で縫い合わせ。それから、ぬいぐるみを鬼に見立ててかくれんぼをするという、呪術めいた遊びらしい。

一人かくれんぼをしている間、ぬいぐるみが動くとか、幽霊を見るというのでＴさんは試してみたかったのだ。

Ｔさんはびっしょりと濡れ、腹を縫い合わされたぬいぐるみを洗面台に置き、押し入れの中に隠れた。携帯電話やゲーム機は持って隠れようかなと思ったけれど、そうすると怖さが薄れそうな気がして止めた。ただ、押し入れの中は退屈で蒸し暑く、不快だった。

どれくらい時間が経ったのかは分からないが、我慢の限界になったのでＴさんは押し入れの外に出て洗面台を見た。

ぬいぐるみは置いた時と変わりがなく、動いた様子がなかった。

なんだ、結局何も起こらないのかと思ってぬいぐるみを片付けようとすると、鈍い痛みをTさんは腕に感じた。見ると、待ち針が二の腕に並んで刺さっていた。

針はいつどこで刺さったのか分からず、なんとなくそれが、Tさんはぬいぐるみの復讐のように感じてしまったらしい。

雨乞い

嘉数《かかず》さんの住むマンションの横には、細い川が流れているのだが、そこは大雨が降ると頻繁にあふれだして、付近の道路が必ずと言っていいほど水没する。何度も灌漑《かんがい》事業の名目で川の横幅が拡張されたりしたのだが、まったく効果がなかった。

嘉数さんは、なんだかその川が溢れ出す理由がわかる気がしていた。

雨の日にベランダから川が溢れるのを見ていると、時折濁流の上に妙な人物が立っているのが見えるのである。

頭にはつる草で作った冠のようなものを被り、白装束の衣装を着て、片手に長い数珠のようなものを持って、それをグルグル回している。口からは笑い声とも悲鳴ともつかない言葉をずっと叫び続けている。明らかに沖縄のノロ（集落の祭祀を司る女性神官）である。

この近所には昔、雨乞《あまご》いの拝所（神様に祈る場所）があった。きっとこのノロは死んでも雨乞いをしているのだろう。

その女性は誰とも視線を合わせることもなく、時間が経つと静かに濁流の中に沈んでいくという。

講師の息子

Yさんは小学生の頃、個別学習の塾に通っていたが、たくさんの子どもたちが鉛筆を走らせるなか、椅子に座る女性講師のすぐ脇に高校生ほどの若い男がねめつけるように立っているのが気になった。

なんであんな怒った顔をしているのかと不思議だったが、ふと気づくと、その姿が忽然《こつぜん》と消えていた。もしかしたら自分だけにしか見えていないのでは、と思ったが、塾が終わった後、他の生徒たちも同じ人物を見ていたことがわかった。

その翌日、塾の女性講師からファックスが送られてきて、「個人的な事情により一週間ほど休みます」とだけ書かれていた。

後日、女性講師の息子が大学受験に失敗したことをなじられて自殺したことを、Yさんの母親がどこかから聞いてきた。女性講師は以前から、成績の上がらない生徒たちに向かって平気で追いつめるような言葉を口にするので、子ども心にも息子の死の理由に得心するものがあった。

ほどなくYさんはその塾を辞めたそうである。

屁

I家は祖母、母、Iさんを含む三姉妹の五人家族。

父親は数年前に五十代で亡くなったが、今でも家で彼の屁の音がするとのこと。

「みんな何度も聞いてるから、あ、お父さんのオナラの音だってわかるんだよね」

時に自分の放屁音を父親のせいにすることもあるが、確実にバレるそうだ。

「臭いの問題じゃなくて、音も違うしタイミングがね」

家族でシリアスなテレビ番組などを見ている時に、嫌がらせのように屁をこく父親であったが、死んでからもそうだという。

寝相

新作のゲームに夢中になっていたら止め時がわからなくなり、気がついたら午前二時を回っていた。次の日は朝が早いのでそろそろ休もうと寝室に行き、妻と四歳の娘の隣にごろんと転がる。

眼を閉じるがゲームの興奮がまだ覚めず、なかなか寝付けない。身体の向きなどを変えて寝やすい姿勢を探すが、どうにも眠れる気がしない。あきらめてスマホをいじっていると、画面の明かりが眩しかったのか妻が唸りだす。

妻の寝相がひどかった。寝苦しそうに身をよじり、両腕を上に投げ出して万歳をしたかと思えば、足を曲げて膝《ひざ》を抱え込むような姿勢になる。

面白いのでしばらく見ていると、妻は急にすっと身体をまっすぐに伸ばし、両手を使って何かをしているような仕草をしだした。

料理――いや、蠟燭《ろうそく》に火をつけているのか。

すると今度はなにかをつまむような形にした左手を、ゆっくり胸の上で上げて、その手を軽く振った。

隣の部屋で、おりんが鳴った。

吸精鬼

　普段なら非通知の電話には出ないのだが、ネタに飢えた怪談作家の性で応答してみると、

「そちらはどちらさん?」と若い男性に質問された。

　聞けば彼は、数年前に私が取材したことのある女性の弟なのだという。

「あはは、残念。ジンカオルさんですかー。姉のスマホの連絡先に〈JK〉と登録されていたから、女子高生かな?　と期待しちゃいましたよ」

　そう朗《ほが》らかに笑いながら、彼はショッキングな情報をもたらした。

「姉はずっとオカルトに傾倒していて、ここ数年は生きながら死んでいるようなものでしたが、このたび本当に亡くなりました。もうお騒がせすることもありませんので、どうか姉のことは忘れてやって下さい」

　彼の姉、故・麻美さんは自称〈超能力者〉であった。彼女は気を吸えるという触れ込みで会いに来て、実地に様々な能力を披露してくれたものだ。

　待ち合わせ場所で、きょろきょろと落ち着きなく地面に目を遣《や》る麻美さん。地を這う蟻の群れを見つけた彼女が手をかざすと、そのうち数匹がころりと転がって死んだ。

　彼女は得意げに目を輝かせて、「蟻《あり》の気を吸って殺しました」と宣言したが、手に殺虫

剤を塗り付けてあったのでは？　との疑いが捨てきれなかった。

続いて、彼女は「花を枯らしてみせます」とバッグから一輪の薔薇《ばら》を取り出し、念じることで花びらを触らずにして散らしてみせた。だが、それも彼女が事前に用意してきた薔薇であり、私には何か薬品などで細工をしているのだろうとしか思えなかった。

私が不信感を抱いているのに気付いたのだろう彼女は、「これはあまりやりたくなかったんですけど」と表情を曇らせた。

最近、人の気を吸えるようになったんです。

そう言うと、彼女は私の目をまっすぐに見つめてきた。すると彼女の黒目の輪郭が、白目に滲《にじ》んだようにグレーに変わって大変驚いたのだが、数秒で元に戻ったので、これも目薬を使った手品だろうと私は思ったのだ。

そんな不可思議な彼女は先日、交通事故で亡くなったのだという。

彼女から私への最後のメールは亡くなる半年前の日付で、〈もしも私がシンダラキセキヲオコシテアゲマス〉と書かれていた。

薄情なようだが、いかなる形であっても亡き麻美さんに私のところに出てきてほしくはない。

彼女の成仏を、心から願う次第である。

墓の人

大塚さんが出張先で遭遇した話である。

思いのほか手間取り、工場を出た時は既に九時を回っていた。折悪しく雨が降っており、タクシーを待つよりは駅まで歩いた方が速いと教えられ地図を片手に田舎道を歩き出す。

十分ほど歩いた頃、左側に墓地が見えてきた。道沿いの一部は街灯に照らされてはいるが、奥の方は真っ暗である。

薄気味悪さで足が早まった。通り過ぎる直前、何か聞こえた気がして振り返る。

奥の方に人がいた。何の変哲もない中年女性だ。また歩き始めて直ぐに気づいた。何故、見えたのだろう。

真っ暗なのに髪型や顔、着ている服さえハッキリと分かった。そっと振り返る。

女性は同じ場所にいた。やはり見える。女性の周りは全て闇に沈んでいる。

納得できる答を見出せないまま、大塚さんは駅に着いた。

出張期間は三日。初日と二日目の両日とも見えた。最終日の作業が終わったのは午前中である。例によって大塚さんは歩いて駅を目指した。物好きなのは承知の上だ。

いつもの場所には、真っ黒な人影があった。それがあの女性かどうかは分からないという。

駅は無理

大学生の頃、S君は深夜の駅を清掃するバイトをしていた。

ある都内の駅に付いた時のこと。

ホームの端に点々と赤いものが散らかっているのが見えた。

「手の痕《あと》でした。ホームに沿ってぺたぺた着いていて、事務所のある階段の上の方へと続いてました」

箒《ほうき》を持ったまま、ぼうっとしているのを見た先輩が声を掛けてきた。

「ここに、ずっと手の痕――ありますよね？　二本、欠けてるけど」

と指さすと――。

「あ。駅関係、おまえ無理だわ」

と、先輩は渋い顔をした。

暫くすると、先輩が連絡した他の組の車に乗せられ、別の現場に移動した。

翌日、酷い飛び込みがあったと新聞で知った。

白髪

朔美さんが髪を伸ばしていた頃、抜けた白髪がよく毛先に絡みついていた。

だから染めてもらおうとある日美容院へ行くと「白髪なんて一本もないですよ」と担当さんに言われてしまう。

その後もたびたび絡まっている白髪を発見したが、よく見ればたしかに朔美さんの髪より短いし毛質も異なる。家族や身近な人間にもそんな白髪の人はいないし、気味が悪くなった朔美さんは髪を思いきりショートにしてしまった。

すると白髪が絡みつくことはなくなったという。

鬼の話

もうずいぶん前の、私が子供の頃の話になる。

夏休みの間は祖父母の家に預けられていた私は、部屋の中で懐中電灯を持ってあちこちを照らして遊んでいた。

そして、懐中電灯から放たれる光の輪がちょうど、障子《しょうじ》戸を照らした時のことだった。

障子戸に頭に角を抱いた大きな人影が映し出された。

私は最初、祖父か誰かがおどけて鬼の格好をしていると思った。だから「ふざけんといてえな」と笑いながら言って障子戸を開けたのだが、そこには誰も居なかった。

障子戸の向こう側は縁側であり、その先は玉砂利を敷いた庭なので誰かが立ち去れば音がする筈だった。

目の錯覚と言ってしまえばそれでおしまいだが、小さかった頃の私は透明の鬼が今にも障子戸を開けてやって来るのではないかと脅え、あわてて祖母を呼びに行った。

バジル

陣内みゆきさんは学生時代、一度だけロシアに旅行に行った。

大学で仲良しになった女性が、スヴェルドロフスク州アラパエフスクという地方都市に住んでいた。そこで地元の古いホテルに宿を取り、彼女の家族とも交流し楽しい時間を過ごした。最終日の夜、彼女の家族がホテルまで送ってくれて、一人でホテルで眠っていた。

するとドアを、ドンドンドン、と叩く音がする。

こんな時間に誰だろうと、陣内さんは寝ぼけ眼を擦って、チェーンをかけたままドアを少しだけ開けた。

そこにバックパッカー風の、背の低い東洋人女性が立っていた。

「悪いけどお金貸して欲しい」とその女性は完璧な日本語でそう言った。

「えー。あなた誰ですか?」びっくりして陣内さんはそう聞いた。

「パスポートを無くしてしまって……」

なんだよ、こんな時間にさあ。

そう思ってチェーンを外してドアを開けると、そこには誰もいなかった。

ほの暗い通路には、なぜか強烈なバジルの香りだけがしていたという。

齢を重ねる

「おばけって、亡くなったときの容姿や年齢で現れるってよくいいますよね。でも私は、幽霊も齢を重ねていく、そんなこともあるように思うんです」

図書館司書のF美さんはそういって笑う。

四年ほど前のある日のことだった。本を返却してきた男性を見ると、どこかで知った顔だが誰なのか思い出せない。返された本は児童文学の名作で、子どもの読み聞かせかなにかで借りたのだろうと思った。男性が去った後、それが誰だったか卒然と思い出して、仕事もそっちのけに走って追いかけたが、姿はもう見えなかった。

それは小学生の頃に少し好意を寄せていた相手に間違いないが、そのひとは中学一年生のときに病気で亡くなってしまったはずである。しかし先ほどの男性は、面影はそのままだが、どう考えても成人しているようにしか見えなかったので、そのことも不思議で仕方がなかった。

F美さんが小学校で図書委員を務めていた当時、その男子生徒がカウンターに本を持ってきたことがあった。「この本すごく面白いですよ」とF美さんは、読んでもいなかったのに強く彼に薦めたことを思い出した。それは男性が返却してきたのと同じ本だったという。

線香分け

お盆の出来事だ。

小学生だったユイさんは母親と一緒にお墓参りへと出かけた。

ユイさんの家がある村では、お盆の期間中は毎日家の墓に線香をあげる習慣があり、暑さも収まった夕暮れ時になると墓所には大勢の村人が訪れた。

「はい、線香分けしてきなさいな」

自分の家の墓の線香を立て終えると、母親はそう言ってユイさんに線香の束を手渡した。

村中では、こうして線香を他の墓におすそ分けするのが習わしだった。

近所に住む人の墓や、戦没者の慰霊碑、お地蔵様とユイさんは墓所の色々なところに線香をお供えして歩いた。

手持ちの線香も残り少なくなった頃、ユイさんは気が付くと墓所の一番奥まで来ていることに気が付いた。そこは人気が無く、古い墓が立ち並ぶ区画だった。

寂しい場所に来てしまった。帰ろうかなとユイさんが思ったとき、大きな墓石に紛れて一際小さな墓石があるのを見つけた。

長いこと誰もお参りに来ていないのか、小さな墓の周囲には雑草が生えており、線香受けは割れてしまっていた。ユイさんにはその墓石がなんだかとても寂しそうに見え、雑草を少し毟ると、手持ちの線香を全て供えて手を合わせた。

ぬるい風が首筋の辺りを通り抜けた。ユイさんがふっと顔を上げると、目の前に半透明の腕があった。白くて細い腕だけが墓石から伸びており、それはユイさんの目の前でひらひらと手を振っていた。驚いたユイさんは口を半開きにして、腕を凝視した。

再びぬるい風が吹いた。それと同時に白い手の先がユイさんの半開きの口に入り込んだ。口の中に菊の花の臭いが広がり、上あごの歯を掴まれた。

痛みは無く、一瞬のことだった。まるでワインのコルクを抜くように、スポンと綺麗にユイさんの歯は白い手に引き抜かれた。

白い手はするすると口から出ていき、指先に掴んだ歯をユイさんに手渡した。それは乳歯であり、少し前からぐらついていてユイさんを煩わせていたものだった。

白い手はひらひらと手を振りながら、どんどん薄くなっていき、やがて墓石と重なるようにして消えてしまった。

遠くで母親がユイさんの名を呼んでいるのが聞こえ、彼女は我に返った。

白い手が引き抜いた歯の後には立派な永久歯が生えた。ユイさんは今でもお盆になるとあの小さな墓に線香を分けにいく。

アンコニュ

不思議な女の話をもう一つ。

心肺蘇生の訓練に使われる人形は、その多くが若い女性の姿形をしている。大半の人はそのモデルが誰かなど考えもしないだろう。だが、もし彼女の正体が身元不明の水死体だと知ったら、どのような反応をするだろうか。

一八〇〇年代のある日、パリのセーヌ川で若い女性の死体が発見された。暴行などの形跡は無く、警察は自殺と断定。身なりから十代半ばと推定されたが、それ以上の手がかりは何も得られぬまま、死体は安置所へと送られた。

ところが検死官はこの名も無き死体の美しさに強く惹かれ、ひそかに業者を呼んで石膏で顔の型を取らせると、デスマスクを残したのである。ここから少女の「顔」は数奇な運命を辿る。少女の死に顔を象った石膏は複製され、彫像などをあつかう店でベートーヴェンやクロムウェルなどのデスマスクと一緒に販売されたのだ。

ミステリアスな微笑、謎に包まれた経歴。多くの者が彼女に惹かれるまでそれほど時間はかからなかった。やがて、女性のデスマスクは仏語で不明を意味する「アンコニュ」と呼ばれるようになり、ブルジョアの間ではアンコニュの顔を飾るのが大流行した。リルケは彼女を題材に小説を書き、ナボコフは詩を読んだ。しかし流行は去るのが世の常。まもなく人気は下火になり、アンコニュは人々の記憶から忘れ去られた。

ところが一九六〇年、事態は意外な展開を見せる。ノルウェーの玩具メーカー、レールダル社が彼女をモデルに一体のマネキンを製作したのである。病院から「心肺蘇生練習の人形を作ってほしい」と依頼され、彼女を「採用」したのだ。「レサシアン」と名付けられたこのマネキンは、かつての流行を彷彿とさせる人気を見せた。レサシアンはまたたく間にあらゆる医療機関に導入され、現在は心肺蘇生の練習用人形としてスタンダードな存在になっている。

名前も素性も分からない「死に顔」が世界中にばらまかれている……そう考えるとなかなか奇妙で、美しくもゾッとする話ではないか。

道をあやまる

坂上は三橋さんが勤めていた保険会社の元顧客であった。

内気で人見知り、挙動不審、自分のことを喋りだすと止まらない。

彼は過去に大きな詐欺に引っかかったことがあるらしく、そのせいで鬱《うつ》に近い状態になったのだと打ち明けてきた。自力でなんとか克服しようと夢中になるものを探していた時に気功と出会い、気功術教室に通い、独学でも知識をつけ、家でも日々の自己鍛錬を欠かさず、気が付けば鬱状態から脱していた。この経験を活かし、いずれは教える立場になって道場を開きたいと目を輝かせて自分の夢を語ったそうである。

三橋さんはこの時、合気道のことだと思って聞いていた。

そんな彼からある時、こんな連絡があった。

「困ったことになりましたよ三橋さん」

気功について熱心に学んでいたはずが、気が付くと興味を失っていたという。

最近では別のものに興味が移ってしまい、それを追求しているうちに以前よりも不健康な状態になり、「日に日にまずいことになっているんです」と声を震わせた。

なぜ、そのような報告を自分にするのかと三橋さんは対応に困った。
おそらく彼は今、精神状態が不安定なのだ。
これ以上かかわるのは危険だった。
なにか理由をつけて通話を切ろうとその理由を考えていると、
「三橋さん、もし、なにかを感じたら教えてください」
どういうことかと聞こうとすると、坂上の「ふっ」という短い呼気が聞こえた。
その直後、三橋さんの顎《あご》の下を、なにかが右から左に撫でた。
三橋さんは悲鳴を上げ、携帯電話を放り投げた。
坂上と話したのは、それが最後であった。
三橋さんはその後、保険会社を退職したので坂上のその後については知らない。

あの時、顎を撫でたものは生温かい手のような感触であったという。
あれは、坂上の手だったのかもしれない。
そう考えると今も鳥肌が立つのだそうだ。

アカイモノ

シングルマザーの亜歩美さんは、中学生になる娘と二人で住むために中古のマンションを借りた。

引っ越した翌日のこと、学校から帰宅した娘の右目の周りに、血のようなシミができていた。なんてこと、女の子が顔に流血するような怪我をするなんて、と亜歩美さんが悲鳴を上げても、娘は平然としていた。

廊下でよくよく見直すと娘の顔にシミはなく、そのときは見間違いをしたのだと思った。

それから数日後、亜歩美さんの仕事が長引いて帰宅が遅くなり、急いで夕飯を作ろうとドアを開けると、出迎えた娘が「お母さん、その顔どうしたの！」と叫んだ。

「どうしたのって、どうもしてないよ」と答えた亜歩美さんだが、娘によると右目の周りに血を浴びたような痣《あざ》があるという。血が顔につくようなことも、打撲で内出血した覚えもない。廊下の姿見で顔を確認しようと家に上がると、「あっ、消えた！」と娘が言う。

「ちょっとお母さん、玄関に戻ってみて？　ああっ、ある！　見える！」

玄関の真ん中に立つと、右目の辺りに血がモヤッとしているように見えるという。

母娘で代わる代わる玄関の中央に立ってみると、赤いシミが顔に被さっているように見えた。赤く見えるポジションは限定的で、そこを少しでも外すとシミは見えなくなる。

その場所に立つと必ず血のようなシミが見えるので、原理はよくわからないけれど、そこには何か赤い物が投影されているのだろうと母娘は考えた。

写真に撮ろうとしたけれども、肉眼では見えてもファインダー越しには赤いシミは見えないし、試しに撮っても写らなかったそうだ。

以前、そこで何か人死にの出る事故でもあったのかもしれない。不動産屋に問い合わせてみたのか訊くと、亜歩美さんはとくに何もしていないと言う。

「いやだ、訊いてみて本当に過去に何かあったら、怪談になってしまうじゃないですか。今はただ、赤い物が顔に一瞬映るだけなんですから、どうということはないですよ」

一方、娘さんの方は好奇心が強く、前住人のことを周囲に聞き込みして調べている。

そのマンションには、以前は単身赴任のサラリーマンが住んでいたそうだが、ひとり暮らしでは玄関を通る際に顔に赤い物が浮かぶかどうかなど、気にすることはなかっただろう。赤いシミのような物は、本人ではなくあくまで対面した人間にしか見えないものだからだ。

実害はなくても不気味には違いないので、現在、母娘は玄関では身をかがめて靴を脱ぎ、早足で通り過ぎる習慣にしているそうだ。

外出

Y家の隣家は空き家、時々、首を吊っている人の幽霊が見える。
二階の窓際、そのときと同じような姿勢で揺れている。
ごく稀に、幽霊の姿が消えロープだけが揺れている時がある。
一応、家の四方にお札を張っているとYさんは言う。

隙間

Hさんは怖い話が好きだった。その晩もベッドに入ってから、スマホで怖い話を読んで寝てしまった。

深夜、顔に髪が掛かるので目が覚めた。

「え？　って躯《からだ》を起こしたら……」

ざっと毛が落ちた。見れば、ベッドに長い毛が載って床へと流れている。

それはベランダの方から入ってきていて、サッシの下の隙間から溢れていた。

耳鳴りがし、カーテンの向こうで気配が大きくなった。

小屋にいるもの

佳子さんは十四歳を過ぎた頃、家の仕事を任された。
裏の小屋に餌を運ぶ役目である。
今までは祖母が行っていたが、他界したのを切っ掛けに佳子さんに受け継がれたのだ。
餌は桶に入れて扉の下に置いておく。扉には四角い穴が開いている。
桶を中に入れたら、振り向かずに立ち去るようにと言われていた。
頃合いを見て桶を回収に行くと、舐めたように綺麗に平らげてある。
小屋は窓が無く、動物が飼えるような環境ではない。
鳴き声どころか、物音ひとつしない。
それでも、中に入れた桶を外に出す何かがいるのは確かだ。
飼っているものの正体を訊いてみたが、両親は口を開こうとしなかった。
ある日、佳子さんは小屋のことを級友の高木君に話した。
興味を覚えた高木君は、密かに小屋を調べたらしい。
扉の穴から懐中電灯を差し込み、中を照らす。
狭苦しい室内には小さな箱が一つだけあった。
それだけである。生き物は見当たらない。

屋根裏もない掘っ立て小屋であり、隠れるような場所はない。

立ち去ろうとした高木君は、いきなり足首を掴まれて転倒した。

見ると、真っ白な腕が足首に絡みついている。腕は扉の穴から伸びていた。

必死に振りほどき、自宅まで逃げ帰ったのだが、掴まれた足首は徐々に腐っていったという。

高木君の両親が怒鳴《どな》り込んできた時、応対に出たのは父である。

父は、高木君の両親に静かな声で二言、三言話しただけだ。たったそれだけで、高木君の両親は帰っていった。

あからさまに怯えた表情であった。

足跡

農家の幸田さんは農閑期の冬になると、地元にある雪山のペンションでアルバイトをしている。

まだ夜明け前のことだ。その日は山の天気が崩れ、ペンションを僅かに揺らすほどの風と雪が外では舞い上がっていた。

調理場にいる幸田さんが朝食の仕込みを行っていた時のことだ。外を吹き荒れる吹雪の音に雑じって何か他の音がしたような気がした。包丁を持つ手を止めて、耳を澄ましてみると、確かに何か叩くような音が聞こえる。

幸田さんは音がするほうへ、様子を見に行った。すると音はペンションの玄関の戸から聞こえていた。誰かが戸をノックしているようだった。

幸田さんは玄関の戸を開けた。たちまち外の吹雪がペンションの中に流れ込み、雪が幸田さんの顔に吹き付けた。

玄関の戸の先には、倒れ伏した男の姿があった。赤いダウンジャケットにニット帽、スキーグローブを付けた指先が幸田さんのほうへゆっくりと動いた。

「寒い、助けて……」

赤いダウンジャケットを着た男は全身が雪まみれになっており、小刻みに震えていた。顔は青紫色になっており、低体温症の状態だと一目でわかった。

幸田さんは、男の上半身を持つとペンションの中に引きずり込んだ。男を談話室に運び込むと暖房の出力を最大まで上げ、横になった男の体に毛布を何枚も掛けて介抱した。

「ああ、暖かい」

毛布を掛けてやると、男の顔色も少しだけ肌色に戻ってきた。幸田さんは朝食用に作ったスープがあることを思い出し、厨房に向かった。

スープが入った皿を手にして、幸田さんが談話室に戻ると男の姿は無かった。

毛布の中には大量の雪の塊《かたまり》が残っており、それは男が横になった時の姿にとてもよく似ていた。

幸田さんはペンションの中をくまなく探したが、男の姿を見つけることはできなかった。

外はまだ吹雪が続いていた。幸田さんは玄関を出て、外を見渡した。

そして気が付いた。ペンションの玄関まで続く雪原に、足跡が一切残っていないことに。

バイク旅行で見たもの

夏になるとバイクで北海道に渡り、ツーリングをする人たちのことをミツバチ族と呼ぶ。そんなミツバチ族のUさんは、新日本海フェリーで小樽に降り立ちまずは札幌に向かった。町中を軽く流すと、札幌市郊外にちょうど良い具合の砂地の広場を見つけたので、そこにUさんはテントを張ることに決めた。

荷物をバイクから下ろし、テントを張ってから途中で立ち寄った道の駅で買った鮭のジャーキーを噛みながら、ラジオの天気予報を聞きながら地図を眺めた。

その時、がざざざっと草が鳴った。何か大きな生き物が背後にいる気配がする。札幌市内でもここ近年、熊の目撃情報は多い。ラジオは熊除けもかねて流していたのだが、人里近くに住む熊には効果がないのかも知れない。

振り返ったらそこに熊がいたらどうすればいいか。目つぶし？　大声で叫ぶ？　走っても追い付かれるし……。体中から嫌な汗を拭きだしながらUさんが振り返ると、そこには二メートル近くの大きな巨大な飛蝗《バッタ》がいた。

口の顎の部分が開閉するように動き、腹の蛇腹の部分が動いている。

Uさんはテントも何もかも置いたまま、ヘルメットも被らずバイクに飛び乗りその場から逃げた。そして目に入ったシティーホテルの駐車場にバイクを止め、入り口に入りロビーの椅子に座ってしばらくの間がたがた震えていた。

なんだか分からない、とんでもないものを見てしまったという意識で怖さと驚きでしばらく、その場にじっとしていたUさんだったが、少しすると落ち着いてきた。

置きっぱなしのテントやヘルメットを取りに行きたいが、またあの大きな飛蝗に出会うのは怖い。そこで、札幌市内にいる知り合いが一人思い当たったので電話をかけて一緒に荷物を取りに行くのに誘った。

そして信じてもらえなくても構わないと思って、巨大な飛蝗を見たことも含めて伝えた。すると友人から、そこがいくら飛蝗塚だからって巨大な飛蝗がいるわけないだろうという返事が来た。

飛蝗塚とは何だと聞くと、明治十年代に全道的に飛蝗が大発生したので、これを駆除するため、飛蝗の死体や卵や幼虫を埋め、土を盛り上げた場所をそう呼んでいるのだということだった。

シティホテルで合流し、飛蝗塚に行くとテントやヘルメットはそのままになっていたが、地図だけがまるで何かに食いちぎられたかのようにボロボロになっていた。

裏山

修太さんが子供の頃よく遊んだ実家の裏山では、時々犬が死んでいた。さまざまな犬種の近所の家の飼い犬が首輪をつけたまま死体になって、落葉や切り株の上によこたわっていたのだ。

だが大人を連れて裏山にもどってくると死体は消えているので、嘘をつくなと何度か叱られてから修太さんは誰にもそのことを話さないようになった。

そして奇妙なことに、死体になっていたはずの犬たちはその後も飼い主と散歩したり、庭先で遊んだり餌を食べている姿を普通に見かけたので、修太さんはすっかりわけがわからなくなってしまった。

それらの犬は、修太さんに会うとなぜか猛然と吠えかかってきたという。以前どれだけ修太さんに懐いていたり、おとなしい犬だったとしても一様に牙をむきだしてものすごい剣幕で威嚇《いかく》してくるのである。

そんなことがあったせいで、修太さんは大人になった今でも犬が苦手なのだそうだ。

ゆらゆら

初夏のことである。沖縄のあるビーチでは海開きが行われた。

新聞記者の真由子さんは記事を書くためにその場所にいた。何枚か写真も撮り、地元の観光協会の人のインタビューも終えた。

海を見ていると、あまりの突き抜けた青空と、透明感のある水面に、足だけでも浸かってから帰りたいと思った。

そこでジーンズをたくし上げ、靴を脱いで、浜辺から海に入った。

膝まで海に入ると、透明な海水の中に、女性の細長い腕が一本、海藻のようにゆらゆらと漂っていた。

真由子さんの目の前で、その腕は何度も水中で、グーパー、グーパー、を繰り返した。

真由子さんは靴も履かずに、震えながら駐車場まで走ったという。

防空頭巾

地域の古老Kさんから聞いた話である。戦時中、まだ子どもだったKさんは何回か防空壕に避難したことがあるそうだが、一度不可思議としかいえないことがあったという。

ある日の夜に、空襲警報が鳴ったので近所の土手に掘られた防空壕に逃げ込んだ。次から次へと近所の者たちがやってくる。そう広くないのですぐに溢れそうになったが、モンペ姿の女性らしき者がひとりで入ってきた。

「そんなとこに突っ立ってねえで、とにかく早くなかにへえれ！」

どこかの老人がそう叫ぶようにいったが、その女性とおぼしき者の容姿がなんとも奇妙だった。防空頭巾を前後、逆にかぶっているのだ。つまり前がまったく見えないようになっていたのである。これでどうやって逃げてきたのか不思議で仕方なかった。

その女性らしき者がしゃがみながら防空頭巾に手を掛けた。それを取り去る仕草を見せた瞬間、なにが起きたのか、その場にいた全員が気絶してしまったというのである。

時間にしたら五分程度だったそうだが、先ほどの女性らしき者の姿はどこにもなかった。

意識を取り戻した者たちは口々に、「ありゃあ、いったいなんだったんやろか」

そういいながら各々家に帰っていったという。

リリース雛

渓流釣りが趣味のS氏は、山の奥まったポイントで雛《ひな》人形を釣ったことがある。

「着物を着たままで、汚れとかも殆どなくって」

まるで、今しがた流されたばかりという風情。

「どうあれ山奥だしさ、普通流れて来ないよ雛人形、人の住む場所じゃないもん」

慎重にリリースして以後、その川筋には入らないようにしているという。

彼の実家

夕花さんは「変なもの」を視ることがある。

それによって利益も不利益も生じないので、人に話したことはほとんどなかった。

そんな彼女は近々、結婚の予定がある。

概《おおむ》ね、問題なく予定は進められているそうだが、気になることが二つほどあるという。

ひとつは、彼の実家へ行くと時々なのだが、自分の体の一部や持ち物が唾液臭くなることである。

「不意打ちで嗅ぐとえずく」ほどの強い臭いであり、それまでまったくしなかった臭いがふいにどこからか現れ、臭いを辿っていくと自分の腕や髪の毛の先、衣服や化粧ポーチが舐《ねぶ》られたように臭っている。見たところ唾液など何かが付着していることはないが、強い匂いのあるボディペーパーで念入りに拭くという。

もうひとつは、彼の実家で「犬でも猫でもない」奇妙なものを見ていることである。

それは彼の祖父母の部屋付近の壁から半身だけを出した状態で十秒ほどいて、すっと消えた。見たのはその一度きりだけである。

それには首がなかった。だから、自分を舐ったものとは別ではないかと考えているそうだ。

オレオレ

休日に昼過ぎまで寝ていたタカシさんは、携帯が鳴って飛び起きた。

「もしもしぃ？　オレ、オレ。タカシだけどー」

オレオレ詐欺のような電話だな。オレがタカシ本人だよ、この間抜け。

そんなことを思いながら寝起きのぼんやりした頭で話を聞いていると、「そういうわけだから、くれぐれも、明日は気をつけろよ……」と言って通話は切れた。

携帯の履歴を開くと、オレオレ詐欺電話の着信表示がない。

まだ履歴の削除もしていないのに何故だろうと考えていて、そういえば、先刻の電話は自分の声みたいだったなと思った。

タカシさんが居眠り運転で肋骨多発骨折の重傷を負ったのは、その翌日のことだった。

「何に気をつけるのか、言ってくれたらよかったのに。オレの野郎、本当に気が利かないんだから」

タカシさんは、あの電話は未来の自分が警告のために掛けてきたのだと思っている。

今後どのタイミングで過去の自分に電話できるのかわからないが、〈オレならもうちょっと具体的なことを言ってやりますよ〉と彼は大いに意気込んでいた。

多目的トイレ

「割と使ってたんです。荷物も置けるし、掃除も普通のトイレよりもキレイにしてあるじゃないですか」

Mさんは或る夜、帰宅途中で我慢できなくなり公園の多目的トイレに入った。

「その時、ちょっと厭な臭いがしたんですよね。なんか、物が古くなった様な……」

用を足していると停電になった。驚いて身繕《みづくろ》いすると〈開〉釦を押した。

が、停電のせいか開かない。するとドアの外から〈くすくす〉笑う声がした。

「誰？　いたずらはやめて！」

緊急ブザーがあったと思いだし、奥に戻りかけた時、洗面台のボウルから音がした。

指が動いていた。ちぎれた蟹《かに》の足の様に、切り落とされた指が排水溝の周りに固まって動いていた。絶句して後退ると、指は洗面台上の鏡の裏から沸いていた。

そして鏡のなかの自分の背後で女がゲラゲラ笑っていた。

「気がつくとトイレの前のベンチで座ってました」

以来、彼女は多目的トイレは使わない。

銘柄指定

佐倉さんは無類の酒好きである。アルコールなら種類を問わず、殆ど依存症である。

去年の春、祖父の墓参りに出かけた時のことだ。

掃除に取り掛かろうとした佐倉さんは、二つ隣の墓に供えられた日本酒に気づいた。

珍しい銘柄ではなく、何処《どこ》でも買える類《たぐい》のワンカップ酒だ。

見ていたら我慢できなくなってきた。佐倉さんは蓋を開け、一気に飲み干した。

翌日。佐倉さんは同僚と共に居酒屋のテーブルを囲んだ。

飲み物が運ばれてきた。佐倉さんの前には日本酒が置かれた。

オーダーの確認をすると、確かにビールである。店員は首を捻りながら厨房に帰っていく。

それからも似たような状況になると、佐倉さんの前には日本酒が置かれる。

毎回同じ日本酒だ。あの日、墓場で飲んだものと同じだという。

知らせの家

石渡さんの家は近所の住人からは『知らせの家』と呼ばれている。

なぜかというと、近隣の誰かしらが亡くなると、必ず石渡さんの家に最後の挨拶へ訪れるからなのだという。

挨拶は故人それぞれで、インターホンを鳴らす人もいれば、玄関先で大声で名乗る人もいる。無言で家の廊下に立っていたり、鏡に映りこむような人もいた。

挨拶に来る故人には、独特の雰囲気があり、姿も生前とは異なるのだという。若いころの姿に戻っていたり、子供の姿のときもあった。姿が変わっても、石渡家の人間は一目見れば、どこの誰か直感でわかるのだという。

そして故人は石渡家の人間と顔を合わせると、溶けるように消えてしまうそうで、いつも少しだけお線香の匂いが残っていた。

石渡家の人間は挨拶を受けると、挨拶に来た故人が親しかった人に連絡を取るようにしている。そうすることで、相手方も親しい人の訃報を受け取る心の準備ができるからだ。

石渡さんの家に挨拶が来ると、いつもそれから数時間ほどで訃報の知らせが届いた。

知らせが外れたことはなかった。しかし、一度だけ変わったことがあった。

夏の夜のことだった。石渡さんが縁側で涼んでいると、目の前に広がる庭先が急に明るくなりだした。何事かと、石渡さんが立ち上がって庭先を見回すと、鯉を放している庭池の水面が光っていることに気が付いた。石渡さんが池を覗き込むと、水面には青く光る赤子の姿が映し出されていた。赤子にはまだへその緒が付いており、体を丸めていた。

赤子の姿を見たとき、石渡さんの脳裏に近隣に住む若夫婦の姿が浮かんだ。そうだ、あの家では奥さんが妊娠していたのだと思い出し、これが『挨拶』なのだと石渡さんは悟った。まだ生まれてくる前なのに、石渡さんは水面に映る赤子に同情し手を合わせようとした。

その時、水面が大きく揺れた。体を丸めた赤子が大きく動き、そのせいでへその緒が赤子の首に巻き付いた。それを見た石渡さんは咄嗟に手を伸ばした。水面に手が触れると、それは人肌のように温かった。指先で手繰ると、へその緒の感触があった。赤子の首に巻き付いたへその緒をゆっくりと動かし、首からほどくと石渡さんは手を水面から引きあげた。

赤子の姿勢は元に戻っていた。赤子を包むような青い光は次第に弱まっていき、それは池の中に溶けるように消えていった。

後日、石渡さんは若夫婦の奥さんが無事に出産を終えたという知らせを受けた。難産だったそうで、一時は赤子の命が危うい状態もあったそうだ。

石渡さんは今でも、近しい人が出産すると聞くと、縁側に腰掛けることがあるという。

路上にて

一哉さんが深夜に歩道橋を渡っていたら下の道路から怒号が聞こえてきた。何事かと手すりから見下ろすと、車道の真ん中にスーツ姿の男と作業着の男が立っていて、なにやら揉めているようだ。興味本位でしばらく眺めていたら、作業着の男が懐からナイフのような鋭い刃物を取り出して振りかざした。するとスーツの男がいきなり土下座を始め、作業着の男は刃物を振り上げたままじっと動かない。そのまま二人とも闇に溶けるように消えてしまったという。

お化けを見てしまった！　そう思った一哉さんは走って自宅に逃げ帰ったが、五分後にマンションのインターホンが鳴った。おそるおそる確認したモニターには紙を切り抜いたみたいな薄っぺらい感じの人影が二つ映っていたので、一哉さんは生きた心地がしなかったそうだ。

覗き

ライターの憲彦さんが念願だった輸入雑貨屋を開店した。知り合いの女の子二人に店を手伝ってもらっていたが、三週間ほどで二人一緒に辞めてしまった。

店はビル一階の路面店で、隣には古書店が入っていた。彼女たちはその古書店の主人が「なんだか気持ち悪い」のだという。

その程度のことで同時に辞めるなんて、と憲彦さんは憮然としたが、二人に店番をまかせていた時間に実際自分で店に立ってみて、たしかに辞めるのも無理はないと納得したそうだ。

古書店の主人は酔っ払っているようなにやけた顔で、たびたび店を覗きにきた。

その表情も不気味だし何度も覗きにくるのも意味不明だが、問題は覗くのが主人の首だけだということである。

体がなく、首だけが窓の外に浮かぶのだ。

仕返し

浜さんが自宅の階段で掃除機をかけていると、ズホッとなにかを吸い込んだ。

ビニール袋でも吸ったかと、すぐにスイッチを切ってホースの口を覗くが、もう見えない。

スイッチを入れると、さっき吸ってしまった物がホースの半ばに引っかかっているのか、ズホホホホッと大きな音がした。どうしようもないので、そのまま掃除を続けていると吸い込み切ったのか、音は急に止んだ。

掃除を終え、そろそろ交換時だろうと掃除機内の紙パックを取り出そうとすると、何かが引っ掛かってうまくはずせない。力を入れて強引にはずすと、とりづらい原因がわかった。

紙パックの口から、長い髪の毛が束になって伸びている。

その髪の毛は本体のホースへと入り込んでいる。

引っ張ると、ぶちぶちとちぎれながら、ホースに残っている髪の毛がズルズルと出てくる。

かなりの長さがあり、ホースからなかなか出きらない。

とても、気味が悪かった。

ここまで髪を伸ばしている者は家族にいないのだ。

先週か先々週、家を訪ねてきた客が一名いたはずだった。その客は髪が長かった気もするが——だれの客だったか、思い出せない。それに、一人からこんなにごっそりと抜け落ちるものでもないだろう。

とにかく不快なので早く終わらせようと一気に引っこ抜くと、髪は長さが三十センチほどもあり、腕にぶつぶつと鳥肌をたてながら処理したという。


その晩、浜さんはなにものかに髪を掴まれた。

寝入りばなに、ぐっと掴まれ、そのままぐいぐいと引っ張られる。

痛みはなく、引く力に緩急があり、頭皮が浮くような奇妙な感覚がある。

このまま引きずられ、どこかへ連れ去られてはかなわない。

抵抗をしたいが声が出ない。髪をつかんでいる手を引き剥がそうと頭に手をやると、ぬるりとしたものに触れた。その瞬間、髪の毛を引っ張られる感覚は消えた。

多分、触れたのは眼球だという。

通夜

五年前のこと。里津子さんが台湾旅行から帰ってくると、アパートと道路を挟んだ向かいの家がお通夜だったという。

近所づきあいがないのでくわしい家族構成は不明だが、その家では七十歳くらいの女性が庭の手入れをしている姿をよく見かけていた。

二階にある里津子さんの部屋の窓から提灯《ちょうちん》のともる門が見えるので、荷ほどきしながら彼女はなんとなく目を向けてしまう。

すると門からいつも見かける女性がすっと歩み出てきた。

ああ、亡くなったのはあの人じゃないんだな。そう思いながら見ていたら、女性はそのまま道を渡って里津子さんのアパートの前に来たようだ。

外階段を上る足音がする。驚いて耳を澄ませていると、

ピンポン!

部屋のチャイムが鳴ったので、あわてて里津子さんは玄関に向かった。

だがドアを開けると外には誰もおらず、提灯の明かりに照らされた路面が白々と視界の底に広がっていた。

考えてみたら女性は喪服ではなく、庭いじりをするときよく着ているピンクのトレーナーを着ていたそうだ。

そのときはなぜか全然おかしいとは思わなかったのである。

Eちゃん家

小学三年生になった時、TさんはEちゃんと同級生になった。活発なTさんに比べEちゃんは静かで温和《おとな》しい女の子だった。ふたりは仲良しでいつも一緒だったが、Eちゃんは彼女を家に誘ってはくれなかった。それを寂しく感じていた彼女は或る時、「ねえ、お家で遊ぼう」と無理矢理、家に行った。

「行った途端、あ……って後悔しました」

家は木造で今にも壊れそうな貧しいものだった。

「それにちょっと造りが変だったんです」

Eちゃんの家は周囲を高いブロック塀に囲まれていた。つまり玄関以外は壁なのである。家は狭く、一つの座敷に家族五人で住んでいた。昼間だというのに日も差さない部屋はじめっとして陰気だった。

それでもすぐに帰ってはEちゃんを傷つけてしまうと思い、Tさんはちゃぶ台の横で人形ごっこを始めた。と、すぐに躯に異変を感じた。

すっすっと何かが足や腕に触る。見ると何かに引っかかれた様にミミズ腫れになっていた。Eちゃんの家に動物はいない。最初は我慢していたが、そのうちに怖くなった。

――と、畳と畳の隙間でキラッと光るものがあった。
「小さな鋏《はさみ》の先か爪のようでした。それが時折、畳の目の間から突き出ては、ぐるーっとぐるーっと泳ぐ様に動くんです」
Tさんは E ちゃんに「あれ、なに?」と訊いた。
E ちゃんは顔色を変え、母親に何事かを告げた。すると母は T さんの躯のミミズ腫れを見、「ごめんね。怪我する子はうちには入れないのよ」と告げた。
なぜか帰りに持ちきれないほどのお菓子を貰ったが全部、公園のゴミ箱に捨ててしまった。傷のことは公園の茂みで引っ掻いたと親には説明した。
E ちゃんとは何故かよそよそしくなってしまい、それっきりになった。

後日、E ちゃんが引っ越しをすると家は建て壊され、それと同時に囲ってあったブロック塀も一部も取り壊された。

壁の向こうは墓だった。E ちゃんの家はブロックで作られた箱の中に建っていた――というよりも墓の敷地の一部に載って建っていたのである。

「家の下に、未だ何か埋まってたのかもしれませんね」と T さんは云った。

路上の孤独

二年前のこと。木川氏は退職して商売を始めた。が、一年保たずに廃業。残ったのは借金だけであった。

当座しのぎに闇金に手を出したのが運の尽きである。

木川氏は借金の取り立てに疲れ果て、妻を置いて逃げ出してしまった。

ある夜、木川氏の枕元に妻が立った。首に縄が掛かったままの状態でふわふわと漂っている。

あんたのせいだ、あんたが全部悪い。

妻はそう呟きながら漂い、明け方近くに消えた。それが始まりであった。

その時から、妻は昼夜を問わず木川氏の耳元で囁《ささや》くようになった。

あんたのせいだ、あんたが全部悪い。

社会復帰を試み、様々な仕事に就いた木川氏だが、耳元の囁きのせいでまったく集中できず、次々に失職した。

現在、木川氏は路上生活者である。今でも妻は現れる。囁くのは止め、楽し気に笑っているそうだ。

墓を買う

十五年ほど前の秋の彼岸のこと。

Tさんが先祖の眠る霊園へ墓参に行くと、近くに新しい墓ができていて、それを清めている初老の男がいる。といっても掃除道具のようなものは見当たらず、手のひらで黒御影を撫でるように触っていた。ずいぶん変わった手入れの仕方だなと横目で眺めていると、微笑みながら会釈をしてきて、

「お墓を買ったんですよ」

そういったかと思うと、吸い込まれるように墓石のなかに入っていってしまったそうである。

いたずらもの

それでさ、障子《しょうじ》を張り替えるじゃない? そうするとね、どこかしらに穴があいてるわけ、こう、小さな指でつき通したみたいなさ。で、それを塞ぐようにツギをあてると、また別の場所に穴があく、仕方ないなと放っておくとそれ以上はあかない。

過疎地帯の古い家に一人暮らしだから、俺が自分であける以外に誰があけるんだっていう話でね。え? 目的? そりゃあ覗きだよ、穴から視線を感じて集中できない時に、無駄だとわかった上でツギするんだけどね、まぁ気付けばあいてるよね、穴。

まぁ、何かしら子供みたいなののイタズラだろうと思うようにしてる。

別れられない

窓の外を見ると五、六歳くらいの男の子がこちらに手を振っている。
その横で、お母さんらしき女性も小さく手を振っている。
手を振り返したほうがよいものかどうかと悩んだが、無視をえらんだ。
しばらくしてから、チラリと見る。
まだ二人は手を振っている。
これが、三十分続いた。

ある初夏。
走行中の夜行バスの車内でのことである。

睨む母

大島さんは、この春に母を亡くした。

闘病期間が長く、小太りだった体は痩せ細り、最後はまるで別人であった。

葬儀の手配を終え、親戚縁者の応対に追われ、大島さんはすっかり疲れてしまった。

我知らず、通夜の席で眠っていたらしい。気がつくと、すぐ目の前に母が座っていた。

母は、生前のように小太りの姿で微笑んでいる。それは、大島さんが一番好きな母の姿であった。

次に母は、座ったままの姿勢で隣室まで滑っていった。集まった親戚たちには見えていないらしい。

母は一人一人に頭を下げて回っている。何か御礼を言っているのが見て取れた。

ただ、何人かの前では恐ろしい顔つきになった。顔だけではない。その瞬間、母は死ぬ直前の痩せ細った体に戻る。母がそうなるのは、いずれも鬱陶《うっとう》しい親戚ばかりである。

最後に母は、父の前まで滑ってきた。

父の前で母は、それまでとは比較にならない程の険しい顔になった。

たっぷり五分以上睨《にら》みつけていたという。

閻魔

Cさんが幼い頃、家には立派な閻魔《えんま》の掛け軸があった。

先祖代々、家を守ってきたという、床の間に在るその軸をCさんの両親は大切にしていた。

毎日の水替えと花を供えるのは子供の役目だった。

Cさんにはいたずら好きの兄がいた。

或る時、兄がCさんを軸の前に呼んで「わかるか？」と訊いた。「知りません」と応えると閻魔の顔を差して「頬が朱いじゃろ」と笑った。

Cさんが「どうして」と訊くと、兄は「いつも水ばかりじゃ、気の毒じゃけ。この前から酒を供えとるんじゃ」と笑った。

「そげなことして罰が当たらんじゃろか」

「当たるかい。見ろ、喜んしょろうが」

確かに閻魔の頬には今迄に無い赤みが差しているようにCさんには思えた。

「よろこんどるなら、ええねえ」

「そういうことよ」

すると暫くして父の出世が決まった。母に子が宿り、ふたりに弟が生まれることになった。

不意に訪れた吉事にCさんの家は沸いた。

が、或る日、突然、台所から失火し家が全焼してしまった。

当然、軸も燃え果てた。

避難した親戚の家で両親以上に顔色を無くし、落ち込んでいる兄にCさんは「なにかあったのか」と問い詰めた。

すると兄は涙を目に一杯溜めて「わしが愚かじゃったたんじゃ」と涙を横殴りに拭いた。

「わしは調子こいて、閻魔さんに酒の代わりに〈酢〉を供えたんじゃ。どうなるかと思うて、ただそれだけのことよ。つまらんことをしたのぅ」

もう五十年以上も前のことである。

著者紹介

平山夢明（ひらやま・ゆめあき）
『「超」怖い話』シリーズをはじめ、心霊から人の狂気にいたるものまで数多くの実話怪談を手掛ける。「怖い話」「顳顬草紙」「鳥肌口碑」各シリーズなど。狂気系では「東京伝説」シリーズ、監修に「ＦＫＢ饗宴」シリーズなど。ほか初期時代の『「超」怖い話』シリーズから平山執筆分をまとめた「平山夢明恐怖全集」（全六巻）や『怪談遺産』など。

我妻俊樹（あがつま・としき）
『実話怪談覚書　忌之刻』で単著デビュー。「実話怪談覚書」「奇々耳草紙」「忌印恐怖譚」各シリーズなど。共著では「ＦＫＢ饗宴」「ふたり怪談」「怪談四十九夜」「怪談五色」「てのひら怪談」各シリーズ、『猫怪談』など。

小田イ輔（おだ・いすけ）
『ＦＫＢ饗宴5』にてデビュー。「実話コレクション」「怪談奇聞」各シリーズ、『小田イ輔実話怪談自選集 魔穴』など。共著に『怪談五色　死相』、『殲・百物語』、「怪談四十九夜」各シリーズなど。

葛西俊和（かさい・としかず）
青森県在住、りんご農家を営む傍ら怪談蒐集にいそしむ。最近では怪談のみならず青森県の伝承や民話、風習について各地を巡って情報を集めている。単著に『降霊怪談』『鬼哭怪談』、共著に『怪談実話競作集 怨呪』『獄・百物語』『怪談四十九夜 鬼気』など。

黒 史郎（くろ・しろう）
小説家として活動する傍ら実話怪談も多く手掛ける。「実話蒐録集」「異界怪談」各シリーズ、『黒塗怪談 笑う裂傷女』『黒怪談傑作選 闇の舌』など。共著に「FKB饗宴」「怪談五色」「百物語」「怪談四十九夜」各シリーズなど。

小原 猛（こはら・たけし）
沖縄に在住し、沖縄に語り継がれる怪談や民話、伝承、そしてウタキをフィールドワークとして活動。「琉球奇譚」シリーズ、『琉球怪談』『琉球妖怪大図鑑』『沖縄の怖い話』など。共著に『男たちの怪談百物語』『恐怖通信／鳥肌ゾーン』『怪談四十九夜 鎮魂』など。

神　薫（じん・かおる）
静岡県在住の現役の眼科医。『怪談女医 閉鎖病棟奇譚』で単著デビュー。『怨念怪談 葬難』『骸拾い』など。共著に「FKB饗宴」各シリーズ、『恐怖女子会 不祥の水』、『猫怪談』『怪談四十九夜 鬼気』『現代怪談 地獄めぐり 業火』など。女医風呂 物書き女医の日常 https://ameblo.jp/joyblog/

鈴木呂亜（すずき・ろあ）
自称「奇妙な噂の愛好者」。サラリーマンとして働く傍ら、国内外の都市伝説や奇妙な事件を蒐集している。黒木あるじの推薦により『都怪ノ奇録』で単著デビュー。単著に「実録都市伝説」シリーズ、共著に「怪談四十九夜」シリーズなど。

田辺青蛙（たなべ・せいあ）
『生き屏風』で日本ホラー小説大賞短編賞を受賞。『関西怪談』『魂追い』『皐月鬼』『あめだま 青蛙モノノケ語り』『モルテンおいしいです^q^』『人魚の石』など。共著に「てのひら怪談」「恐怖通信 鳥肌ゾーン」各シリーズ、『怪談四十九夜 鬼気』『京都怪談 神隠し』『怪談実話 FKB饗宴』『怪しき我が家』『読書で離婚を考えた。』など。

つくね乱蔵（つくね・らんぞう）
『恐怖箱 厭怪』で単著デビュー。『つくね乱蔵実話怪談傑作選 厭ノ蔵』『恐怖箱 万霊塔』、『恐怖箱 絶望怪談』『恐怖箱 厭獄』『恐怖箱 厭還』など。共著に「怪談四十九夜」「怪談五色」「恐怖箱テーマアンソロジー」各シリーズなど。黒川進吾の名でショートショートも発表、共著『ショートショートの宝箱』もある。

丸山政也（まるやま・まさや）
２０１１年「もうひとりのダイアナ」で第３回『幽』怪談実話コンテスト大賞受賞。「奇譚百物語」シリーズ、『怪談実話 死神は招くよ』『恐怖実話 奇想怪談』など。共著に「てのひら怪談」「みちのく怪談」各シリーズ、『怪談四十九夜 鬼気』『怪談実話コンテスト傑作選３ 跫音』『怪談五色 破戒』『世にも怖い実話怪談』など。

瞬殺怪談 碌

2020年8月5日　初版第1刷発行

著者　平山夢明　我妻俊樹　小田イ輔
葛西俊和　黒 史郎　小原 猛
神 薫　鈴木呂亜　田辺青蛙
つくね乱蔵　丸山政也

企画・編集　中西如(Studio DARA)

発行人　後藤明信

発行所　株式会社 竹書房
〒102-0072 東京都千代田区飯田橋2-7-3
電話03(3264)1576(代表)
電話03(3234)6208(編集)
http://www.takeshobo.co.jp

印刷所　中央精版印刷株式会社

定価はカバーに表示しています。
落丁・乱丁本の場合は竹書房までお問い合わせください。

ISBN978-4-8019-2343-0 C0193